DU DROIT D'OPTION

DES

ALSACIENS-LORRAINS

POUR LA

NATIONALITÉ FRANÇAISE

TEXTES — QUESTIONS — SOLUTIONS

PAR

EUGÈNE HEPP

DOCTEUR EN DROIT

PARIS

SANDOZ ET FISCHBACHER, ÉDITEURS

33, RUE DE SEINE ET RUE DES SAINTS-PÈRES, 33

1872

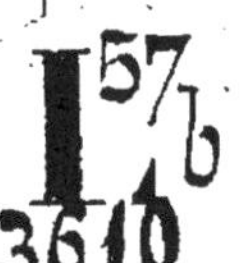

DU DROIT D'OPTION

DES ALSACIENS-LORRAINS

POUR LA

NATIONALITÉ FRANÇAISE

DU DROIT D'OPTION

DES ALSACIENS-LORRAINS

POUR LA NATIONALITÉ FRANÇAISE

INTRODUCTION.

1. Cette étude a pour sous-titre les mots : *Textes — questions — solutions.*

Les *textes,* je les donnerai tous, car c'est exclusivement sur eux que j'entends m'appuyer. C'est de textes qu'il s'agit, et non de théories : on l'a trop oublié. C'est à eux qu'il en faut revenir lorsque la discussion s'égare, comme il n'est que trop fréquemment arrivé depuis qu'est agitée cette irritante question de l'option de nationalité. Eux seuls doivent nous guider, et je n'hésite pas à dire qu'ils seront notre force pour éclairer et résoudre bien des points obscurcis par la polémique des journaux.

2. Et comme il s'agit avant tout de s'accorder sur cette base première de discussion et d'affirmer dès l'abord la sincérité de celle-ci en écartant toute ambiguïté de mots et de langage, je ne me bornerai pas à citer les textes en français : j'y joindrai la rédaction officielle allemande. Cette précaution ne sera d'ailleurs pas toujours inutile. (Cpr. n°s 11-1° à la note, 136 et 169.)

3. Les *questions* que l'exercice du droit d'option soulève sont nombreuses, car elles embrassent l'infinie diversité de situations dans lesquelles l'homme peut se trouver placé au regard de la loi; — elles sont graves, car elles affectent intimement l'état de la personne et ses intérêts les plus chers; — elles sont délicates enfin, comme toutes les questions de droit international public ou privé, où les droits de souveraineté et des lois réciproquement étrangères entrent en conflit, sans qu'il existe aucune autorité commune chargée de vider les contestations qui se produisent, sans qu'aucun tribunal ait pouvoir de résoudre les difficultés qui surgissent.

4. Quant aux *solutions*, nous verrons combien sont toujours insuffisantes, souvent contradictoires, celles qui ont été données jusqu'à ce jour.

L'article 2 du traité de paix du 10 mai 1871 a posé le principe, bientôt développé — et altéré — par l'article 1er de la convention additionnelle du 11 décembre suivant. Mais on ne sait rien des discussions qui ont précédé l'adoption de ces clauses, sinon qu'il existe dans les archives des chancelleries treize procès-verbaux des conférences tenues à Francfort, « qui témoignent de la sollicitude avec laquelle de nombreuses questions d'application pratique ont été successivement étudiées, » et que « plusieurs des stipulations qui, au premier abord avaient semblé soit rigoureuses, soit obscures ou insuffisantes, se sont trouvées, » aux yeux de la commission de l'Assemblée nationale de Versailles, chargée de l'examen de la convention additionnelle, « atténuées, éclaircies ou complétées par les commentaires dont elles ont été accompagnées et dont lesdits procès-verbaux font foi. » (Exposé des motifs présenté par le gouvernement français sur la convention additionnelle et Rapport de la commission de l'Assemblée nationale sur le même acte. — Séances des 20 déc. 1871 et 6 janvier 1872.)

5. L'un ou l'autre de ces procès-verbaux a-t-il trait à la question de l'option? Nous le croyons (cpr. n°s 34 et 48). S'ils n'ont reçu aucune publicité, peut-être est-ce parce que le gouvernement allemand aura refusé de sanctionner les opinions qui y sont consignées.

Toutefois la circonstance que, d'après le droit constitutionnel actuellement en vigueur en France, la ratification de tout traité est subordonnée à l'approbation préalable de l'Assemblée nationale (art. 53 de la constitution de 1848) amena le gouvernement français à fournir, sur cette matière, quelques explications, très-discrètes d'ailleurs, mais auxquelles leur caractère officiel donne une grande importance.

Mais ce fut tout. L'Assemblée nationale ne pouvait discuter des stipulations qu'elle se savait d'avance impuissante à modifier. Elle approuva donc sans débats les actes du 10 mai et du 11 décembre.

D'autre part, il n'entrait pas dans les attributions du Parlement allemand d'en connaître. Aussi aucun éclaircissement ne vint-il d'Allemagne.

6. Cependant les difficultés d'application et les doutes surgissaient plus nombreux chaque jour. Des réponses émanées de l'administration française, faites parfois, il faut bien le dire, avec une légèreté voisine de l'insouciance et que les difficultés de la situation ne suffisaient pas à excuser, provoquaient des réfutations qui jetaient incessamment les familles dans des perplexités nouvelles.

En même temps, la presse allemande d'Alsace-Lorraine s'emparait de la question pour la traiter à sa guise. Nous voudrions pouvoir, dans la circonstance, reconnaître à cette presse le caractère officieux auquel elle prétend en général. Malheureusement, les fréquents démentis que ses écrivains anonymes se sont infligés, soit à eux-mêmes soit entre eux, sur la question de l'option, se mettant en contradiction, tantôt avec les textes les plus précis, tantôt avec les décisions mêmes de l'administration supérieure de la province, leur enlèvent toute autorité et ne laissent plus à leurs articles que la valeur d'opinions individuelles.

Nous ne demandons pas à cette presse d'être sympathique à l'option : ce serait exiger l'impossible. Mais ce qu'il est permis de lui demander, alors qu'elle a seule la parole, c'est de ne pas se réfugier trop souvent dans d'insoutenables arguties qui tendent à faire croire qu'elle a la force du droit de son côté.

D'ailleurs, cette période d'incertitudes et de discussions souvent vives, que faisait naître surtout une publication clandestine périodiquement répandue en Alsace, n'a pas été inutile. Elle a fait voir combien était complexe cette question qui, au premier abord, semblait d'une mise à exécution si facile.

7. Le 7 mars 1872, enfin, le président supérieur d'Alsace-Lorraine fit connaître, par une circulaire,

complétée, en ce qui concernait les droits des mineurs, par une seconde circulaire du 16 du même mois, les règles que suivront les agents de l'administration allemande dans l'admission des déclarations d'option pour la nationalité française.

Bientôt après, à la date du 30 mars, le gouvernement français s'expliqua sur le même sujet, dans une circulaire du ministre de la justice aux préfets.

J'étudierai attentivement ces divers documents, reproduits à la fin du volume, et je n'aurai pas de peine à démontrer qu'ils ne sont, aucun, suffisants pour résoudre toutes les difficultés qui se présenteront dans la pratique.

8. Est-il besoin d'ajouter que je n'apporterai dans cette étude ni esprit de polémique ni passion? La polémique serait vaine et la passion funeste, quand il s'agit de la sauvegarde des intérêts les plus sacrés de tant de familles, qui subissent le poids d'événements dont elles sont innocentes. C'est mal servir, nous le croyons, ces intérêts, que de substituer des violences de langage au calme exposé de ce qu'on croit être le droit.

Cet exposé, je l'entreprends avec une conviction et une sincérité absolues. Je devais à mes compatriotes d'Alsace-Lorraine, je me devais à moi-même de dire ce que j'estime être la vérité dans une question qui nous touche tous de si près et qu'il nous importe à tous de voir dégagée au plus tôt des obscurités dont elle est encore enveloppée.

Tel a été, au fond, le principal but que je me suis proposé. Il serait téméraire de vouloir présenter comme recueil de solutions pratiques ce qui, pour les points non encore officiellement tranchés, n'est qu'une série de déductions logiques du principe posé par l'article 2 du traité de paix. Mais si les conclusions auxquelles je suis arrivé manquent de l'autorité que pourrait seule leur donner une consécration officielle, elles pourront contribuer du moins à appeler l'attention des gouvernements sur des situations dont la gravité leur a tout d'abord échappé, semble-t-il.

9. Encore un mot. Les journaux allemands dont je parlais tantôt accusent volontiers les Alsaciens-Lorrains et les Français d'envisager cette question de l'option de nationalité à un point de vue que la rigueur du droit ne saurait admettre. J'accorde que le reproche est fondé et j'en cherche la cause. Elle se trouve peut-être dans un défaut d'éducation juridique, provoqué par l'influence de la loi française, qui ne connaît plus ce que les Romains appelaient les contrats de droit strict. A cet égard, le dernier alinéa de l'article 1134 du Code civil n'est que la synthèse de ces deux phrases d'Ulpien : « Ea quæ sunt moris et consuetudinis in bonæ fidei judiciis debent venire. » — « De bona fide agitur cui non congruit de apicibus juris disputare. »

Quoi qu'il en soit, je m'efforcerai d'éviter ce reproche, en m'attachant à la lettre des textes avec toute la rigueur dont je suis capable, dans l'espoir d'arriver ainsi à une interprétation juridique qui ne soit pas suspecte d'être inspirée par un autre sentiment que celui du droit strict.

I

TEXTES.

10. Les négociations pour le rétablissement de la paix entre la France et l'Allemagne ont été formulées dans trois actes principaux, savoir :

1° Les préliminaires de paix (10 articles), signés à Versailles le 26 février 1871, approuvés le 1er mars par l'Assemblée nationale française, siégeant alors à Bordeaux; les ratifications en ont été échangées à Versailles le lendemain, 2 mars;

2° Le traité définitif de paix entre la République française et l'Empire d'Allemagne (18 articles et 3 articles additionnels), signé à Francfort-sur-le-Mein le 10 mai 1871, approuvé le 18 par l'Assemblée nationale de Versailles, et dont les ratifications ont été échangées le 20 du même mois;

3° La convention additionnelle (19 articles) signée à Francfort le 11 décembre 1871, approuvée le 9 janvier 1872 par l'Assemblée nationale. L'échange des ratifications eut lieu le 11 du même mois.

11. Ces trois actes contiennent, relativement au droit d'émigration, que l'Allemagne a garanti par mesure générale aux habitants des territoires cédés, et à la faculté qui leur a été donnée de conserver, sous certaines conditions, la nationalité française, les dispositions suivantes :

1° Art. 5 des préliminaires de paix (26 février-2 mars 1871) :

« Les intérêts des habitants des territoires cédés par la France, en tout ce qui concerne leur commerce et leur *droit civil* (1), seront réglés aussi favorablement que possible, lorsque seront arrêtées les conditions de paix définitive.

« Il sera fixé à cet effet un espace de temps pendant lequel ils jouiront de facilités particulières pour la circulation de leurs produits (2).

« Die Interessen der Einwohner in dem von Frankreich abgetretenen Gebiete werden in Allem, was ihren Handel und ihre Privatrechte angeht, so günstig als mœglich geregelt werden, sobald die Bedingungen des endgültigen Friedens festgestellt sein werden. — Zu diesem Zwecke wird ein Zeitraum festgestellt werden, innerhalb dessen sie besondere Erleichterungen für den Verkehr mit ihren Erzeugnissen geniessen sollen. — Die deutsche Regierung wird

(1) D'après le texte allemand, il faudrait dire : *leurs droits civils* (cpr. aussi n° 136).

(2) Voy. Traité du 10 mai 1871, art. 9 ; — Convention additionnelle du 12 octobre 1871, sur la libre admission en France des produits manufacturés d'Alsace-Lorraine ; — Art. 12 de la Convention additionnelle du 11 décembre 1871, établissant sur la frontière une zone de libre circulation pour les produits agricoles et forestiers.

« *Le gouvernement allemand n'apportera aucun obstacle à la libre émigration des habitants des territoires cédés* et ne pourra prendre contre eux aucune mesure atteignant leurs personnes ou leurs propriétés. »

der ungehinderten Auswanderung der Einwohner der abgetretenen Gebietstheile nichts in den Weg legen, und keine Massregel gegen dieselben ergreifen dürfen, welche deren Personen oder Eigenthum antastet. »

2° Art. 2 du traité définitif de paix (10-20 mai 1871) :

« Les sujets français originaires des territoires cédés, *domiciliés actuellement sur ce territoire,* qui entendront *conserver la nationalité française,* jouiront jusqu'au 1er octobre 1872 et moyennant une déclaration préalable, faite à l'autorité compétente, *de la faculté de transporter leur domicile en France et de s'y fixer,* sans que ce droit puisse être altéré par les lois sur le service militaire, auquel cas la qualité de citoyen français leur sera maintenue.

« Den aus den abgetretenen Gebieten herstammenden, gegenwærtig in diesem Gebiete wohnhaften franzœsischen Unterthanen, welche beabsichtigen die franzœsische Nationalitæt zu behalten, steht bis zum ersten Oktober 1872, und vermœge einer vorgængigen Erklærung an die zustændige Behœrde, die Befugniss zu, ihren Wohnsitz nach Frankreich zu verlegen und sich dort niederzulassen, ohne dass dieser Befugniss durch die Gesetze über den Militær-

« Ils seront libres de conserver leurs immeubles situés sur le territoire réuni à l'Allemagne.

dienst Eintrag geschehen kœnnte, in welchem Falle ihnen die Eigenschaft als franzœsische Bürger erhalten bleiben wird. Es steht ihnen frei, ihren auf den mit Deutschland vereinigten Gebieten belegenen Grundbesitz zu behalten.

« Aucun habitant des territoires cédés ne pourra être poursuivi, inquiété ou recherché dans sa personne ou dans ses biens, à raison de ses actes politiques ou militaires pendant la guerre. »

« Kein Bewohner der abgetretenen Gebiete darf in seiner Person oder in seinem Vermœgen wegen seiner politischen oder militærischen Handlungen wæhrend des Krieges, verfolgt, gestœrt oder zur Untersuchung gezogen werden. »

3° Art. 1er de la Convention additionnelle du 11 décembre 1871 :

« Pour les individus originaires des territoires cédés, *qui résident hors d'Europe*, le terme fixé par l'article 2 du traité de paix pour l'option *entre* la nationalité française et la nationalité allemande, est

« Für diejenigen Personen, welche aus den abgetretenen Gebietstheilen herstammen und sich ausserhalb Europa aufhalten, wird die durch den Art. 2 des Friedensvertrages für die Wahl zwischen der

étendu jusqu'au 1er octobre 1873.

« L'option en faveur de la nationalité française résultera, pour ceux de ces individus *qui résident hors de France,* d'une déclaration faite soit aux maires de leur domicile en France, soit devant une chancellerie diplomatique ou consulaire française, ou de leur immatriculation dans une de ces chancelleries.

« Le gouvernement français notifiera au gouvernement allemand, par la voie diplomatique et par périodes trimestrielles, les listes nominatives qu'il aura fait dresser d'après ces mêmes déclarations. »

deutschen und franzœsischen Nationalitæt festgesetzte Frist bis zum 1. Oktober 1873 verlængert.

« Die Entscheidung für die franzœsische Nationalitæt seitens der aus den abgetretenen Gebieten herstammenden Personen, welche sich ausserhalb Deutschland aufhalten, erfolgt durch eine, sei es vor der Mairie des Wohnorts in Frankreich, sei es vor einer franzœsischen Gesandtschafts- oder Consulats-Kanzlei abgegebene Erklærung oder durch Immatriculation bei einer solchen Kanzlei.

« Die franzœsische Regierung wird der deutschen vierteljæhrlich auf diplomatischem Wege namentliche Verzeichnisse über diese Erklærungen mittheilen. »

II

EXAMEN ET CRITIQUE DES TEXTES. — OBSERVATIONS GÉNÉRALES SUR LE CARACTÈRE ET LA NATURE DU DROIT D'OPTION.

12. Le rapprochement et la combinaison de ces articles, les seuls que les négociateurs de la paix de Francfort aient consacrés à la question de l'option de nationalité, provoquent plusieurs observations générales et qui sont essentielles à l'intelligence exacte et complète du sujet. C'est pour les avoir négligées, en ne recourant pas aux textes mêmes, qu'on a été amené à soutenir ou à admettre, dans un sens ou dans l'autre, sur divers points, des interprétations et des solutions tout à fait arbitraires.

PREMIÈRE OBSERVATION. *Conséquences de la substitution de l'idée d'*ORIGINE *à celle de* DOMICILE.

13. Rien ne complique autant la solution des questions que l'abandon des principes qui devraient leur servir de base.

Du moment où l'Allemagne jugeait utile à sa politique de restaurer dans toute sa rigueur l'ancien droi de conquête, elle eût dû en accepter aussi dans la pratique les règles théoriques, d'après lesquelles une province, de même que tout autre immeuble, passe à son nouveau propriétaire « telle qu'elle est et se comporte » à l'instant où l'acquisition devient définitive. « *Quidquid in territorio est etiam de territorio.* »

14. Sans doute, on ne consacrait ainsi à aucun titre les idées plus humaines qui tendaient, croyait-on, à prévaloir dans le droit des gens moderne et d'après lesquelles « les peuples semblaient ne vouloir plus consentir à être regardés comme du bétail à partager entre les monarques » (Pinheiro-Ferreira sur Martens, § 333; voy. aussi Heffter, Europäisches Völkerrecht der Gegenwart, Berlin 1844, §§ 179 sv.). Mais à défaut de largeur, cette règle aurait eu au moins le mérite d'être simple dans son application et conforme à l'esprit même dont le droit de conquête s'inspire.

Appliquée aux habitants du pays conquis, il en fût résulté que tous ceux qui étaient domiciliés sur le territoire au jour de la conquête auraient passé sous la domination du vainqueur, mais ceux-là seulement.

15. C'était donc le fait du domicile qu'il aurait fallu prendre pour critérium dans la question de savoir si la nationalité avait été altérée ou non par la conquête, et s'il y avait lieu dès lors de la consolider par le moyen spécial déterminé par le traité de paix.

Le domicile, qu'il ne faut pas confondre avec la simple résidence (cpr. nº 119), est en effet un fait positif et facile à déterminer à l'aide des listes électorales et des rôles de contribution personnelle. Cette base fixe et certaine concordait d'autre part avec le caractère de la nationalité française, qui est *une* comme le territoire même. En d'autres termes, tout Français, qu'il soit né Alsacien ou Breton, Lorrain ou Provençal, n'a d'autre nationalité que la nationalité française; il est citoyen de l'État et non sujet d'un prince; il jouit enfin d'une entière liberté d'aller et de venir d'une province à l'autre du territoire, de s'établir où il l'entend, sans que sa qualité de provincial, qui n'est qu'un accident géographique sans influence sur son état, n'altère ni ne modifie en rien la nature de la nationalité dont il jouit.

16. Dès lors c'était se mettre en contradiction avec les notions les plus certaines du droit public français que d'attacher une importance quelconque à l'idée d'origine. Sans doute s'il s'était agi, comme en 1814, de détacher de la France des provinces qui n'y avaient été réunies que pendant vingt années et dont les originaires n'avaient pas encore eu le temps de se fondre dans la nation française, on eût pu dire que, n'étant devenus Français que par le fait de la réunion, ils devaient cesser de l'être par le fait de la séparation. Mais il n'en était pas de même des Alsaciens et des Lorrains, dont les générations ont successivement participé, pendant une période qui se compte par siècles, à tous les grands faits historiques qui ont amené la constitution de la nationalité française d'après les idées modernes.

17. Néanmoins, sur les instances des négociateurs allemands, la notion plus vague d'origine a prévalu sur celle de domicile. C'est qu'en Allemagne dominent encore les idées féodales de sujétion à un prince, de particularisme provincial ou fédéral, imprimant à tout Allemand un indigénat spécial coexistant avec la nationalité (loi du 1er juin 1870), suivant que, par sa naissance, il est Prussien ou Bavarois, Wurtembergeois ou Hessois, Badois ou Mecklembourgeois, etc. On était ainsi naturellement amené à feindre aussi un indigénat alsacien-lorrain, distinct de la nationalité française, marquant en quelque sorte tous les originaires de la province d'un signe indélébile dont la seule constatation devait suffire pour les faire tomber de plein droit sous la domination du nouveau souverain.

18. Cette manière de concevoir les effets de la conquête est déjà indiquée en germe dans l'article 2 du traité de paix, mais comme elle y est intimement rattachée à la condition de domicile, son application n'aurait pu soulever aucune objection et se fût trouvée en complète harmonie avec les principes de droit public reconnus par la France.

Mais dans l'article 1er de la convention additionnelle, l'idée d'origine l'a définitivement emporté, à l'exclusion de celle du domicile. Il en est résulté que d'une *faculté* réservée aux Alsaciens-Lorrains domiciliés dans la province au moment de la cession du territoire, l'option a été convertie en une *obligation* imposée à tous les Français que le hasard aura fait naître sur ce territoire.

19. Mais à ceux-là seulement. Il est bien évident en effet que, du moment où les négociateurs ont répudié les principes généraux qui commandaient d'admettre comme criterium le fait du domicile — et je prouverai qu'ils les ont formellement répudiés (voy. nº 168) —

pour y substituer un système spécial uniquement basé sur l'origine, la naissance sur le territoire, il faut s'en tenir exclusivement à ce système pour résoudre les difficultés que l'exécution de cette partie des conventions soulèvera. Cette conséquence s'impose, elle est incontestable : nous en verrons plus tard les résultats.

20. Je me bornerai ici à en tirer la conclusion que l'option pour la nationalité française ne peut être tacite; que le système adopté repousse toute présomption d'option fondée sur le domicile actuel et même sur les fonctions publiques. L'Allemagne revendique pour ses sujets tous les Alsaciens-Lorrains, quels qu'ils soient, en quelque lieu qu'ils se trouvent, quel que soit le service public dont ils sont investis; la nationalité allemande leur est imposée en vertu de la conquête du territoire où ils sont nés, s'ils négligent de remplir dans les délais les formalités qui leur permettent de se soustraire à cet effet de la conquête. (Voy. cep. nº 56.)

Nous trouvons là, en ce qui concerne particulièrement les fonctionnaires et agents de la force publique, dont en général l'emploi dépend essentiellement de la conservation de la nationalité des pays qu'ils servent, les germes d'assez singuliers conflits, car le défaut de déclaration de leur part devant avoir pour conséquence de les faire réputer Allemands, les rendra, dans la rigueur du droit, incapables, en tant qu'étrangers, de continuer à remplir leurs fonctions en France.

Seconde observation. *Que faut-il entendre par* droit d'option?

21. Suivant l'article 2 du traité de paix, ce que l'on appelle communément *droit d'option* n'est autre chose que la faculté donnée aux Alsaciens-Lorrains domiciliés dans la province, de conserver la nationalité française, atteinte par les effets de la conquête, en transportant dans un certain délai leur domicile en France.

Le mot d'*option* ne se rencontre pas dans cet article. Il ne paraît pour la première fois que dans l'article 4 du traité, d'une manière tout incidente et pour un cas spécial sur lequel je reviendrai (n° 178).

On a donc eu raison de dire que, contrairement à une opinion qui tendait à s'accréditer, la faculté accordée aux individus originaires des territoires cédés à l'Allemagne et qui y avaient leur domicile à la date du 2 mars 1871, ne constitue pas une forme de votation pour l'une ou l'autre nationalité, une sorte de plébiscite, mais qu'elle impose à celui qui veut en user des obligations précises qui, nous le répétons, ne sont autres que celles dont la loi française fait dépendre l'acte de changement de domicile. (Voy. nos 116 et sv.)

22. Mais, par suite de la transformation qu'a éprouvée, dans le cours des négociations, la notion première consacrée par le traité de paix quant aux effets de la conquête sur les populations, et comme conséquence de l'extension exagérée attribuée plus tard à l'idée d'*origine*, ce mode spécial de conserver la nationalité fran-

çaise par translation du domicile en France, a dû également être adapté à la situation nouvelle, créée par l'article 1er de la convention additionnelle du 11 décembre 1871, et y est devenu un véritable droit d'option qui s'exerce et se manifeste par une simple déclaration d'intention, et qui n'est alors autre chose qu'un vote en faveur de la nationalité que l'optant entend conserver.

23. Pourtant, même dans ce cas, le mot *option* n'est pas juridiquement exact ; c'est à tort que les rédacteurs de la convention additionnelle ont parlé d'option *entre* les deux nationalités et ont même admis l'hypothèse d'individus ayant *opté* pour la nationalité *allemande* (art. 1er, al. 1 ; art. 2, al. 1 ; art. 10, al. 1 de la convention additionnelle).

L'option suppose un libre choix : or, les Alsaciens-Lorrains sont libres, à la vérité, de répudier la nationalité allemande, mais s'ils ne le font pas, cette nationalité s'impose à eux sans qu'ils aient aucune intention à exprimer. En d'autres termes, ce que l'on appelle *droit d'option* n'est qu'un mode particulier de *conserver* la nationalité française, mode réservé aux seuls Alsaciens-Lorrains qui jouissaient de la qualité de Français au moment de la cession du territoire sur lequel ils sont nés, et dont les formalités se modifient selon que l'optant avait ou non à ce moment son domicile dans la province.

24. L'option ne pourrait donc pas plus servir à acquérir ou à recouvrer la nationalité française, à l'Alsacien-Lorrain qui n'en jouissait pas ou qui l'avait perdue au moment de la dénationalisation du territoire, qu'elle

ne pourrait être invoquée par un Français non originaire de la province pour acquérir la nationalité allemande.

Seuls, les Alsaciens-Lorrains qui servent actuellement dans l'armée ou la marine française jouissent, en vertu d'une disposition exceptionnelle, que nous étudierons plus tard, du droit d'option dans toute sa plénitude, car ils sont admis à opter expressément pour la nationalité allemande, sans toutefois être dispensés, s'ils n'usent pas de cette faculté et s'ils veulent conserver leur qualité de Français, de l'obligation de remplir les formalités requises à cet effet. (Voy. l'appendice, n° 181.)

25. Il est donc bien entendu que si, pour la brièveté de notre exposé, nous employons nous-même les termes *option, droit d'option,* ce n'est que dans le sens restreint et sous les modifications qui viennent d'être indiquées.

Troisième observation. *De la date à considérer pour déterminer l'existence du droit ou de l'obligation d'option.*

26. L'échange des ratifications des préliminaires de paix a eu lieu le 2 mars 1871.

Cette date, — et non pas celle du 26 février, jour de la signature des préliminaires, — a été admise d'un commun accord, par les gouvernements contractants, comme déterminant l'époque à partir de laquelle la transmission de la souveraineté territoriale est devenue définitive et où l'ordre de choses nouveau, que la conclusion de la paix a établi, a commencé à avoir effet, notamment en ce qui concerne la dénationalisation des territoires cédés.

C'est en conséquence à cette date qu'il faut se reporter pour déterminer quelles personnes jouissent du droit d'option en vertu de l'article 2 du traité de paix, ou doivent, aux termes de l'article 1er de la convention additionnelle, user de cette faculté, sous peine de perdre leur qualité de Français.

27. Il ne faut pas toutefois conclure de là que les individus mineurs qui ne seraient parvenus à la majorité que postérieurement au 2 mars 1871, mais antérieurement au 1er octobre 1872, ne seraient pas recevables à opter par eux-mêmes avant cette époque pour la nationalité française. Autre chose est l'exercice et autre chose la jouissance d'un droit. Le droit d'option leur appartenait malgré leur état de minorité, mais ils n'étaient pas légalement capables de l'exercer. Il suffit qu'ils le soient devenus avant l'expiration du délai d'option pour que rien ne s'oppose plus à ce qu'ils usent de cette faculté au même titre que les individus arrivés à l'âge de majorité antérieurement au 2 mars 1871.

Cette observation, qui s'applique également à tous les incapables qui auraient cessé de l'être avant le 1er octobre prochain, acquiert de l'importance à raison de la loi militaire allemande, qui appelle à cette même date sous les drapeaux tous les jeunes gens nés en Alsace-Lorraine depuis le 1er janvier 1851. Les individus de cette catégorie nés avant le 1er octobre 1851 et qui, par conséquent, auront accompli leur vingt-unième année avant l'expiration du délai d'option, devront être admis à exercer librement ce droit, aussitôt que l'âge de majorité les en aura rendus capables.

28. La question de savoir si la date du 2 mars 1871 doit aussi exercer quelque influence sur la détermination du lieu où la déclaration d'option peut être valablement reçue, sera examinée quand nous nous occuperons des formes de l'option (nos 113-115).

QUATRIÈME OBSERVATION. *De la loi à considérer pour déterminer l'état et la capacité des optants.*

29. C'est la loi française qui devra être exclusivement consultée pour apprécier l'état et la capacité des individus quant à l'exercice du droit d'option.

Il s'agit en effet de régler la condition de Français qui entendent conserver cette qualité; à ceux-là seulement les dispositions que nous étudions sont utiles, c'est uniquement dans leur intérêt qu'elles ont trouvé place dans le traité de paix.

Nous en concluons que c'est au Code civil français et aux lois qui le complètent qu'on devra recourir pour déterminer :

1° Quels étaient, à la date du 2 mars 1871, les Alsaciens-Lorrains qui jouissaient de la qualité de Français, — en d'autres termes, quelles sont les personnes qui peuvent et doivent opter, ou non, pour conserver cette qualité ;

2º La capacité et l'incapacité légale, quant à l'exercice du droit d'option.

30. L'application de cette règle souffrira, en fait, d'autant moins de difficulté, que la loi civile française a été maintenue seule en vigueur jusqu'à ce jour sur les territoires cédés.

Mais il résulte aussi de ce qui vient d'être dit que le droit d'option, étant *acquis* depuis le 2 mars 1871 et ne devant se périmer que le 1er octobre 1872, aucune loi nouvelle ne pourra, dans cet intervalle, le modifier ni l'altérer dans son essence ou dans son exercice, car tant que la nationalité française est susceptible d'être conservée, la nationalité allemande n'existe, dans la personne des individus originaires d'Alsace-Lorraine, que sous condition résolutoire, et n'attribue, quant à eux, à la loi allemande qu'une autorité subordonnée à la même condition. C'est ainsi que la circonstance de la mise en vigueur, dans la province, des art. 3 et 57 de la constitution de l'Empire allemand, n'a pas pu et ne peut pas influer sur les conséquences de l'option, en ce qui concerne notamment l'obligation du service militaire et les restrictions qu'éprouve en Allemagne le droit de libre émigration. — L'article 5 des préliminaires et l'article 2 du traité de paix contiennent au surplus des clauses expresses dans ce sens; aussi n'est-ce qu'à titre d'exemples que je cite ces deux points.

31. Nous arrivons maintenant à l'étude du fond même de notre sujet.

J'examinerai successivement qui doit opter, — qui

le peut et qui ne le peut pas, — les formes, — et les délais dans lesquels l'option doit être faite, — ses effets quant à la personne et quant aux biens de l'optant, — et enfin, quelles sont les conséquences du défaut d'option ou d'une option imparfaite.

Dans un appendice, on trouvera les spécialités concernant l'option dans ses rapports avec la loi militaire.

III

PERSONNES POUR LESQUELLES LA CONSERVATION DE LA NATIONALITÉ FRANÇAISE EST DÉPENDANTE OU INDÉPENDANTE DE L'OPTION. — QUI DOIT OPTER ET QUI N'A PAS A OPTER POUR RESTER FRANÇAIS?

32. Tous les individus *originaires des territoires cédés*, et qui jouissaient, à la date du 2 mars 1871, de la qualité de *Français*, quel que fût d'ailleurs, à cette époque ou depuis lors, le lieu de leur résidence, sont devenus Allemands à partir de cette date, sous réserve de l'exercice du droit d'option.

« Il en résulte qu'ils sont légalement considérés par l'Allemagne comme *Allemands sous condition résolutoire*, tandis qu'au regard de la loi française, ils ne sont plus que des *Français sous condition suspensive*, c'est-à-dire des Français dont la nationalité, provisoirement suspendue, sera définitivement périmée, s'ils n'accomplissent, dans le délai convenu, les formalités prescrites par les traités. » (Exposé des motifs sur la convention additionnelle.) (1).

(1) Le tribunal de Vesoul (19 juillet 1871) et la cour de Nancy (31 août 1871), jugeant en matière civile, ont toutefois décidé le contraire et admis que la nationalité française demeurait in-

33. La signification du mot *originaires* (*herstammend, gebürtig*), qui avait d'abord donné lieu à des doutes, est aujourd'hui nettement déterminée.

« Dans l'une des dernières conférences de Francfort, les plénipotentiaires allemands ont déclaré : « Qu'en ce « qui concerne la définition du mot *originaires*, la chan- « cellerie fédérale persistait à croire que cette question « n'était pas du nombre de celles qui devaient être « traitées dans les conférences de Francfort, et avait « fait savoir au gouvernement français, par l'intermé- « diaire de M. le comte d'Arnim, qu'elle interprétait « l'expression *originaires* comme s'appliquant à toute « personne née dans les territoires cédés. »

« La dépêche de M. le comte d'Arnim, envoyé extraordinaire d'Allemagne à Paris, porte la date du 18 décembre 1871 ; elle est ainsi conçue :

« En réponse à la question que vous m'avez fait « l'honneur de m'adresser au sujet des personnes que « le traité de paix désigne comme *originaires* des terri- « toires cédés, je m'empresse de vous informer que le « gouvernement impérial considérera comme *origi- « naires* de l'Alsace-Lorraine *tous ceux qui sont nés dans « ces territoires*. »

« M. le ministre des affaires étrangères a répondu dans les termes suivants, le 29 du même mois, à la communication de M. le comte d'Arnim :

« Répondant aux questions que j'avais eu l'honneur

tacte jusqu'après l'expiration du délai d'option. Mais nous croyons la manière de voir énoncée au texte plus conforme aux principes de droit public qui servent de base au traité de paix.

« de vous adresser au sujet de la définition du terme « *originaires des territoires cédés*, employé dans les « conventions entre la France et l'Allemagne, vous « voulez bien me faire savoir que votre gouvernement « considérera comme originaires de l'Alsace-Lorraine « *tous ceux qui sont nés dans ces territoires*. Je m'em- « presse de vous remercier de cette communication qui « est destinée à résoudre de nombreuses difficultés « pratiques, et d'où il résulte que les individus qui ne « sont pas natifs des territoires cédés, ne seront pas « astreints à faire une déclaration d'option pour con- « server leur nationalité française, *quoiqu'ils puissent « être issus de parents nés en Alsace-Lorraine ou qu'ils « résident eux-mêmes dans ce pays*. » (Circul. du min. de la justice aux préfets, 30 mars 1872.)

34. « Il ne saurait donc plus y avoir sur ce point aucune incertitude, et il est permis d'établir que :

« 1° Les Français nés dans les provinces cédées devront faire une déclaration, s'ils désirent rester Français;

« 2° Les Français qui n'y sont pas nés, y fussent-ils même domiciliés, seront considérés comme Français, sans être astreints à faire une déclaration. — Les négociateurs allemands l'ont admis dans la première conférence de Francfort. » (Rapport de M. d'Harcourt à l'Assemblée nationale de Versailles.)

En d'autres termes, « tous ceux qui sont nés en Alsace-Lorraine, quels que soient leur âge, leur sexe et leur domicile, sont tenus de faire (soit par eux-mêmes, soit par leurs représentants) une déclaration, s'ils entendent conserver la qualité de Français; à défaut de cette déclaration dans les délais prescrits, ils seront considérés comme Allemands; — tous ceux au contraire qui ne sont pas nés dans ces territoires n'ont aucune déclaration à faire et sont Français de plein droit. » (Circ. min., 30 mars 1872.)

35. Malgré la netteté de ces instructions, elles nous paraissent conçues en termes trop généraux et je crois qu'il reste des distinctions à faire.

Un point toutefois est désormais acquis et ressort aussi bien des textes mêmes des actes signés à Francfort, que des commentaires officiels auxquels ils ont donné lieu. C'est que les citoyens français *non originaires* d'Alsace-Lorraine, qu'ils aient d'ailleurs acquis cette nationalité par leur naissance, par la naturalisation ou par tout autre moyen admis par la loi française, n'ont pas de déclaration à faire et restent Français de plein droit, quand même ils seraient issus de parents nés en Alsace-Lorraine ou qu'ils résideraient eux-mêmes dans la province (nº 33, *in fine*). — Quant à la question de savoir s'ils peuvent être tenus de transférer également leur domicile en France, *sous peine de perdre la nationalité française,* nous l'examinerons plus tard avec détail (nºs 164 et suiv.).

36. Mais faut-il aller jusqu'à dire qu'il suffit que les qualités d'originaire des territoires cédés et de citoyen français concourent dans la même personne pour qu'une déclaration soit indispensable à la conservation de cette dernière qualité? Je ne le crois pas.

J'excepterai d'abord les individus qui, nés en Alsace-

Lorraine, n'auraient acquis la nationalité française que *postérieurement* au 2 mars 1871. En effet, la nationalité ainsi acquise n'a pu être atteinte par le traité, car elle n'existait pas encore au moment où celui-ci a produit son effet légal. — Il est bien entendu d'ailleurs que ceci ne doit pas être étendu aux enfants nés depuis dans la province : ils suivent la condition de leurs parents.

37. Une question plus délicate est celle de savoir si un individu *né* en Alsace-Lorraine de parents étrangers, et qui ne serait devenu Français qu'après s'être fixé, à une époque quelconque *antérieure* à la cession de la province, sur une autre partie du territoire français, est tenu d'opter pour conserver la nationalité ainsi acquise.

La négative me paraît devoir être admise, par plusieurs motifs.

En premier lieu, et en droit, la solution que je propose est seule en harmonie avec la doctrine que l'Allemagne a fait prévaloir dans les négociations de Francfort, en supposant pour les individus originaires d'Alsace-Lorraine un indigénat distinct de la nationalité française et en exigeant, par suite, une déclaration de tout Français né dans cette province et qui voudra conserver sa nationalité, quelle que soit sa résidence actuelle (nos 17 et 19). Par une conséquence nécessaire de cette manière de voir, il faut admettre, dans l'hypothèse que j'examine, que le Français qui ne jouissait pas encore de cette qualité tant qu'il résidait en Alsace-Lorraine n'a pas pu acquérir, comme tel, l'indigénat alsacien-lorrain, mais tout au plus celui de la province où il était domicilié au moment où il est devenu Français. — Qu'on nous permette, pour faire bien saisir notre pensée, d'emprunter à la langue des naturalistes une manière de parler qui n'est d'ailleurs pas déplacée ici, puisque aussi bien il s'agit d'opérer dans la nation française le tri de la variété alsacienne-lorraine de cette nation. Je dis que, pour qu'une déclaration d'option soit nécessaire, il faut être non-seulement du *genre* français mais de l'*espèce* alsacienne-lorraine de ce genre. Si donc on n'est devenu Français qu'après avoir quitté les territoires cédés, on sera bien devenu de *race* française mais on n'appartiendra, comme *espèce*, non à la variété alsacienne, mais à la variété champenoise ou normande, selon que la nationalité française aura été acquise tandis qu'on était domicilié en Normandie ou en Champagne. — Bien que contraire aux idées reçues par le droit public français, cette déduction me semble rigoureusement conforme à l'esprit qui a inspiré en cette matière les négociateurs de Francfort.

D'ailleurs, et en fait, on sera forcément amené dans la pratique à cette conclusion. Au point de vue de l'état civil alsacien-lorrain, l'individu dont il s'agit est en effet réputé, non pas Français, mais étranger, étant inscrit comme tel sur les registres qui seuls pourront servir de contrôle pour établir, après le 1er octobre, la liste des Alsaciens-Lorrains ayant cessé d'être Français pour défaut d'option et devenus dès lors définitivement Allemands en vertu de la cession du territoire.

38. En résumé, il faut dire, croyons-nous, qu'une déclaration d'option n'est nécessaire à la conservation

de la nationalité française dont jouissent des étrangers naturalisés, que pour les individus *originaires d'Alsace-Lorraine* qui avaient acquis cette nationalité *pendant* qu'ils étaient domiciliés dans la province et *avant* l'époque (2 mars 1871) où s'est opérée la transmission à l'Allemagne des droits de souveraineté sur ces territoires.

IV

QUI PEUT OPTER ? — QUI NE LE PEUT PAS ?

39. L'exercice du droit d'option exige en général la réunion des qualités suivantes :

1° Etre Français;

2° Né en Alsace-Lorraine;

3° Majeur et maître de ses droits.

Dès l'instant où ces qualités concourent, l'option est recevable et peut être valablement faite. Mais si l'une ou l'autre fait défaut, la déclaration d'option est ou bien inefficace, ou bien soumise à des formalités spéciales, destinées à suppléer à l'incapacité de la personne de l'optant.

J'examinerai successivement quelles personnes ne peuvent pas opter :

A. Pour cause de nationalité ;

B. Pour cause d'origine;

C. Pour cause d'incapacité juridique ou légale.

---

40. Ne peuvent opter :

A. POUR CAUSE DE NATIONALITÉ :

Les individus qui, *nés en Alsace-Lorraine*, n'étaient pas Français à la date du 2 mars 1871.

L'option, telle qu'elle a été admise par les traités de Francfort, n'est en effet qu'un mode de *conserver* la nationalité française, et non de l'*acquérir* ou d'y être *réintégré* (n° 24). Il faut donc, pour pouvoir opter, avoir joui de cette nationalité au moment où le traité a commencé à produire son effet.

D'où il suit qu'une déclaration d'option pour la nationalité française serait à considérer comme non-avenue de la part d'individus :

a) Qui n'avaient pas encore acquis la qualité de Français à la date du 2 mars 1871.

Tels sont les étrangers, Allemands ou autres, nés sur les territoires cédés, qu'ils eussent été admis ou non à établir leur domicile sur ces territoires, alors français, et à y jouir des droits civils, conformément à l'art. 13 du Code civil. Cette situation intermédiaire ne leur avait pas fait perdre leur qualité d'étrangers, dont la naturalisation acquise peut seule les dépouiller. Or, le bénéfice d'option ne peut suppléer aux conditions exigées pour arriver à la naturalisation.

Telle est encore une catégorie, très-nombreuse en Alsace-Lorraine comme en général sur tous les territoires frontières, d'individus qui sont nés de parents étrangers et qui auraient négligé de remplir avant le 2 mars 1871 les formalités en vertu desquelles ils pouvaient acquérir la qualité de Français, conformément à l'art. 9 du Code civil ou aux lois du 22 mars 1849 et du 7 février 1851.

b) Qui avaient perdu antérieurement au 2 mars 1871 la nationalité française et qui n'y avaient pas encore été réintégrés à cette date.

41. Ne peuvent opter :

B. POUR CAUSE D'ORIGINE :

Les Français de naissance ou naturalisés, non originaires d'Alsace-Lorraine, bien qu'ils soient et aient même toujours été domiciliés dans la province.

N'étant pas nés sur le territoire cédé, ils n'ont pas, comme nous l'avons vu (n° 35), à opter pour conserver la qualité de Français, qui leur est maintenue de plein droit.

Ils ne peuvent pas davantage opter pour la nationalité allemande, l'option ne constituant qu'un mode de conserver la qualité de Français, sauf le cas exceptionnel de militaires sous les drapeaux (n° 24).

La rigueur des principes le veut ainsi et c'est là une des conséquences les plus singulières de la substitution de l'idée d'origine à celle de domicile pour la détermination des personnes atteintes dans leur nationalité par l'effet de la conquête du territoire.

42. Il résulte notamment de ce qui vient d'être dit que les Français d'origine ou les Allemands naturalisés Français et nés hors de la province, où cependant tous leurs intérêts les attachent, n'ont pas à opter pour conserver la nationalité française et ne le peuvent pas pour acquérir ou recouvrer la qualité d'Allemand, qui leur permettrait de rester, sans être inquiétés, sur le territoire cédé et d'y conserver tous les droits civils et politiques dont ils y jouissaient antérieurement et dont ils ne pourront plus jouir, en leur qualité de Français, c'est-à-dire d'étrangers, après l'expiration du délai d'option. Telles sont, par exemple, les qualités d'électeur et d'éligible et, par suite, toutes les fonctions électives et honorifiques dont ils peuvent se trouver actuellement investis.

Ils restent Français malgré eux et seront soumis comme tels à toutes les mesures de police politique que l'administration allemande jugera convenable d'appliquer en Alsace-Lorraine aux étrangers en général, et particulièrement aux Français qui y séjourneraient.

43. Cette situation est surtout singulière en ce qui concerne les Allemands qui ne s'étaient fait naturaliser Français que pour jouir en Alsace-Lorraine de la plénitude des droits que la loi française n'accorde qu'à ses nationaux.

Elle n'est pas moins étrange si l'on suppose, — et le cas s'est déjà présenté, — un Français qui ne doit qu'à un hasard de n'être pas né sur le territoire même d'Alsace-Lorraine, que ni lui ni sa famille n'ont jamais quitté et qu'ils n'entendent pas abandonner. Tandis que ses frères ou autres parents, originaires des territoires cédés, sont libres de rester Français comme lui, lui ne peut, par l'option, devenir Allemand comme eux.

44. Je sais bien que, dans la pratique, les choses ne se passeront pas avec cette rigueur, et qu'elles ne présenteraient même aucune difficulté si le gouvernement allemand donnait suite à l'intention qu'on lui prête de considérer comme Allemands tous les Français non originaires d'Alsace-Lorraine qui n'auraient pas quitté la province au 1er octobre prochain. J'aurai à revenir sur ce dernier point (nos 164 et suiv.).

Mais nous examinons uniquement ici une question

de droit et d'interprétation des traités. Or, en droit, les Français nés ou naturalisés, qui ne sont pas originaires de la province, restent Français sans option et malgré toute option. Ils n'ont d'autre moyen de demeurer, comme Allemands, en Alsace-Lorraine que les modes de droit commun que la loi allemande offre pour acquérir la nationalité allemande (art. 2, 6 à 11 de la loi du 1er juin 1870). Mais ils pourront en tout cas demander à être admis provisoirement au bénéfice de l'article 13 du Code civil français, qui a conservé pleine vigueur dans les territoires cédés.

---

45. Ne peuvent opter :

C. POUR CAUSE D'INCAPACITÉ JURIDIQUE OU LÉGALE, que moyennant l'accomplissement de formalités spéciales :

I° Les mineurs ;

II° Les femmes mariées ;

III° Les individus en état d'interdiction judiciaire ou légale.

I° Les mineurs.

46. On ne craint pas de se tromper en affirmant que, dans la grande majorité des cas où des chefs de famille nés et établis en Alsace-Lorraine useront du droit d'option, la raison déterminante aura été pour eux de soustraire par ce moyen leurs fils mineurs à l'obligation de servir dans l'armée allemande et de les mettre éventuellement à l'abri de la disposition de loi qui interdit l'émigration aux jeunes Allemands de 17 à 25 ans, alors même que l'autorisation d'émigrer aurait été accordée aux parents ou qu'elle leur appartiendrait de plein droit. Nous abordons donc ici la partie de notre sujet qui intéresse le plus vivement les familles et qui, depuis plus d'un an, est pour elles une source des plus graves et des plus incessantes préoccupations.

C'est aussi, il faut bien le dire, la partie qui est encore la plus obscure de notre matière et qui semble parfois avoir été embrouillée à plaisir. On le verra par les nombreuses contradictions et les lacunes qui se rencontrent dans les documents officiels reproduits plus bas.

47. Pour rester dans la vérité des principes, il eût fallu réserver aux mineurs la liberté de choisir leur nationalité dans l'année qui suivrait leur majorité. Cette clause eût été en harmonie avec les maximes du droit public français, qui n'admet pas que, dans les questions d'état, le droit personnel acquis à un individu par le fait de sa naissance puisse être modifié en dehors de sa pleine et libre volonté. (Exposé des motifs sur la convention additionnelle.) — Lorsque, en effet, la nationalité est une fois acquise par la naissance, la loi prend soin de spécifier les modes d'après lesquels elle subit une mutation. Or, parmi ces règles on ne voit figurer nulle part la volonté du chef de famille; c'est toujours la volonté de celui dont la nationalité est en question, qui est prise en considération. Et comme les mineurs n'ont point, aux yeux de la loi, de volonté propre, la volonté qui leur manque ne peut être *suppléée* par aucune autre pour la formation d'un contrat aussi important que l'est l'acceptation d'une nationalité nouvelle. Cette volonté peut tout au plus être *complétée.* (Voy: Dalloz, v° *Droits civils*, n° 593; Aubry et Rau; § 71, note 33; Demolombe, I, n°s 175-2° et 178.)

48. Les négociateurs français avaient pris à Francfort la défense de ce système, dont l'équité est indéniable, surtout quand il s'agit de mineurs orphelins. « Mais l'Allemagne professe à cet égard des doctrines différentes, et leur manière de voir n'a pas prévalu. — Ce qui ressort des explications échangées avec les plénipotentiaires allemands et *recueillies dans les protocoles* (j'ai dit que ces protocoles n'ont pas été publiés), c'est que l'option de nationalité devra être faite, en ce qui concerne les mineurs, avec l'assistance de leurs représentants légaux, et dans les délais ordinaires. » (Exposé des motifs cité.)

49. J'ignore quelles sont au juste les « doctrines différentes que l'Allemagne professe » et auxquelles il est fait ici allusion, car il n'existe pas pour l'Allemagne de loi civile uniforme. Mais assurément les principes qui y sont reçus en matière de capacité personnelle, ne sont pas plus rigoureux que ceux que le Code civil français a consacrés, spécialement en ce qui concerne les mineurs en tutelle.

D'après le droit romain, qui a conservé en Allemagne une autorité beaucoup plus grande qu'en France, le tuteur était simplement appelé à *compléter*, par son autorisation, la *capacité* de son pupille sorti de l'âge d'enfance et qui, de ce moment, devait figurer personnellement dans les actes intéressant sa personne ou ses biens.

En droit français au contraire, aussi longtemps que le mineur se trouve en tutelle, c'est-à-dire aussi longtemps qu'il n'est pas émancipé, le tuteur n'a pas seulement pour mission de compléter, par son assistance ou par son autorisation, la capacité du pupille; il est appelé à figurer seul, en sa qualité de tuteur, dans les actes qui concernent celui-là, à le *représenter* et non pas simplement à l'*assister* (C. civ., art. 450.) — Et cependant, le droit français lui-même admet des exceptions à ce principe rigoureux, qui place en général le mineur dans un état d'incapacité si complète, — toutes les fois qu'il s'agit d'un acte qui suppose une expression de volonté individuelle et directe, et qui intéresse plus particulièrement la personne ou l'état du pupille. Tels sont notamment l'acte de célébration et le contrat de mariage, la reconnaissance d'enfant naturel, les actes d'engagement ou de remplacement au service militaire, etc. (Aubry et Rau, § 109, notes 1 à 5.) Cpr. nº 74.

50. En est-il autrement dans la législation allemande? Je ne le crois pas et j'en citerai comme preuve l'article 2 de la loi du 1er novembre 1867 sur la liberté d'aller et de venir (*Freizügigkeit*) et l'article 8, nº 1 de la loi du 1er juin 1870 sur l'indigénat (*Staatsangehœrigkeit*). Ces dispositions de deux lois toutes récentes, en vigueur aujourd'hui dans tout l'Empire d'Allemagne, disent formellement que pour revendiquer sa qualité de sujet allemand ou pour obtenir la naturalisation, le mineur doit produire la preuve du *consentement* des personnes sous la puissance desquelles il se trouve

(« Nachweis der *Genehmigung* desjenigen unter dessen væterlicher oder vormundschaftlicher Gewalt er steht, — ... durch die *Zustimmung* des Vaters, des Vormundes oder Curators... *ergænzt.* »), ce qui indique bien que le mineur agit personnellement dans ces circonstances et qu'on lui reconnaît donc la capacité d'intervenir lui-même dans un acte.

51. Tels sont les doctrines professées et les principes actuellement reçus en Allemagne dans des matières qui ont l'analogie la plus intime avec l'option de nationalité. Serait-ce que les organes du gouvernement allemand auraient, pour notre cas spécial, répudié ces principes et ces doctrines? Je ferai remarquer alors combien les expressions dont ils se sont servis sont impropres, car, nous dit-on, il aurait été convenu qu'en ce qui concerne les mineurs, l'option se ferait « avec *l'assistance* (en allemand, *Beistand* ou *Zustimmung*) de leurs représentants légaux. »

Il n'est pas douteux que c'est bien là la formule employée à Francfort et consignée dans les protocoles, puisque nous la retrouvons à la fois dans l'exposé des motifs et dans les circulaires des ministres français de la justice et des affaires étrangères et qu'il y en a même trace dans les instructions publiées par le gouvernement allemand (voy. le numéro suivant).

Sans insister pour le moment sur ce qu'a d'inexact la qualification de *représentants légaux* appliquée aux curateurs de mineurs émancipés (cpr. n° 74), nous sommes autorisé à conclure que, si les mots ont un sens et si l'on ne veut pas admettre que les négociateurs ont complètement méconnu l'importance de la signification de chaque terme dans le langage juridique et diplomatique, ils ont évidemment entendu consacrer la possibilité d'une option personnelle et séparée faite *par* le mineur (et non *pour* lui), avec la simple *assistance* de ses représentants légaux, — tout en exigeant d'ailleurs que cette option soit faite « dans les délais ordinaires. »

52. C'est bien ainsi que le gouvernement français paraît avoir interprété ces expressions. Les circulaires ministérielles déjà citées, de même que la formule adoptée pour les déclarations d'option qui seront reçues par les agents français admettent expressément la possibilité d'une déclaration d'option pour la nationalité française faite séparément par un mineur, *assisté* de son père et de son tuteur.

Mais les instructions publiées par le gouvernement allemand, autant que la circonstance que de pareilles déclarations ne sont pas — ou ne sont *plus* — acceptées en Alsace-Lorraine, semblent non moins formelles en sens opposé.

Voici le texte allemand et la traduction littérale de ces instructions, contenues dans une circulaire du président supérieur d'Alsace-Lorraine, en date du 16 mars 1872 :

« . . . Minderjæhrige... kœnnen, weder selbst noch durch ihre gesetzlichen Vertreter, gesondert von diesen, für die franzœsische Nationalitæt optiren.	« Les mineurs... ne peuvent opter pour la nationalité française, ni par eux-mêmes ni par leurs représentants légaux, séparément de ceux-ci.

« *Sie folgen,* wenn ihre Eltern noch am Leben sind, *der Wahl* der Nationalitæt des Vaters.

« Die Option des Vormundes für die franzœsische Nationalitæt hat *diese Wirkung* nur wenn der Familienrath seine Zustimmung ertheilt. »

« *Ils suivent,* si leurs parents sont encore en vie, *le choix* de la nationalité du père.

« L'option du tuteur pour la nationalité française n'a *cet effet* que si le conseil de famille donne son consentement. »

53. Nous étudierons bientôt ces dispositions de plus près. La contradiction qui en ressort est flagrante, bien qu'on ne conçoive guère comment la décision d'un point aussi grave et aussi essentiel ait pu être laissée à l'arbitre de chacun des gouvernements, et recevoir en deçà des Vosges une solution différente de celle qui sera pratiquée au delà. Qu'arrivera-t-il en effet, et comment vider le conflit si, les délais expirés, l'Allemagne refusait de reconnaître la validité d'options faites par les mineurs devant des agents français, et si elle revendiquait ces mineurs comme sujets allemands?

J'espère démontrer d'ailleurs que les règles posées par le gouvernement allemand sont tout au moins insuffisantes, et qu'il est indispensable que des instructions complémentaires soient données.

J'envisagerai successivement la situation des mineurs, par rapport à l'option, suivant qu'ils sont :

1° Non émancipés : a) non orphelins; b) en tutelle.

2° Emancipés.

3° Enfants adoptifs, naturels ou assistés.

1° MINEURS NON ÉMANCIPÉS

a) *Non orphelins.*

54. Les enfants mineurs non émancipés conservent en général, tant que dure leur état de minorité, la nationalité qu'ils tiennent de leur naissance. La question est controversée, de savoir si la nationalité ainsi acquise peut être changée sans leur consentement, et l'on soutient notamment, non sans raison, que la naturalisation postérieurement obtenue par le père en pays étranger, ne peut ni profiter ni nuire à ses enfants (cpr. n° 47). Toutefois, tant que les père et mère sont encore en vie, le père exerce tous les droits de puissance sur son enfant mineur, qui ne peut avoir d'autre domicile que le sien ni quitter la maison paternelle sans sa permission (C. civ. art. 108, 372, 374). On conçoit donc, en présence d'un tel état de dépendance, la théorie qui lie entièrement la condition de l'enfant à celle du père et qui rejette par suite toute possibilité d'une option séparée, surtout si l'on suppose que l'enfant n'est pas encore d'âge à exprimer une volonté.

55. On peut ajouter à l'appui de cette thèse que, dans la situation spéciale que nous étudions, il ne s'agit pas d'un *changement de nationalité*, qui s'opérerait par voie de naturalisation, mais de la *conservation*, sous certaines conditions, d'une nationalité préexistante, ou de la *perte* de cette nationalité, attachée, faute d'accomplissement desdites conditions, à un fait indépendant

de la volonté de celui qui la subit, la dénationalisation résultant de la conquête. Lorsque ces conditions ont été accomplies, l'unique effet de leur accomplissement sera de maintenir la nationalité française telle qu'elle existait avant la séparation du territoire, et lorsqu'elles ne l'ont pas été, c'est bien moins en raison de leur non accomplissement que par le fait même de la séparation du territoire que cette nationalité aura été perdue. (Voy. Aubry et Rau, § 72, note 21.)

56. Mais en adoptant ce système, qui a été imaginé à l'occasion de la loi du 14 octobre 1814, il faudra logiquement conclure que l'option faite par le père profitera implicitement à ses enfants en puissance, alors même qu'ils ne seraient pas nominativement désignés dans le certificat de déclaration. C'est en effet ce que supposent les instructions allemandes, qui portent que « si les parents sont encore en vie, les enfants mineurs *suivent le choix* de la nationalité du père. » Nous rencontrons donc ici un cas d'option tacite. (Cpr. nº 20.) — En France et à l'étranger au contraire, où les options séparées des mineurs, reçues par les fonctionnaires français, paraissent être admises, même quand le père est encore en vie, la désignation nominative de tous les enfants auxquels le père voudra étendre le bénéfice de sa propre option semble indispensable, car tous ceux de ces enfants qui sont inscrits sur les registres de naissance en Alsace-Lorraine et dont le nom ne figurerait pas sur les listes que la France s'est engagée à fournir devraient être réputés Allemands.

57. Les instructions allemandes disent expressément

qu'il n'y a pas lieu de distinguer suivant que l'enfant est né lui-même ou non sur les territoires cédés (pourvu, bien entendu, que le père y soit né, car dans le cas contraire, il n'y aura pas lieu à option de sa part.) C'est là une conséquence du point de vue auquel l'Allemagne s'est placée en considérant la condition de l'enfant comme intimement liée à celle du père et en repoussant l'option séparée du mineur. Cette décision cependant outrepasse manifestement la lettre du traité et l'interprétation officielle qu a été donnée au mot *originaires*. Elle n'était d'ailleurs pas commandée par les « doctrines allemandes, » car l'art. 21 de la loi du 1er juin 1870, par exemple, admet fort bien que le père puisse perdre la nationalité allemande et que ses enfants mineurs la conservent et aient ainsi une autre nationalité que lui. (Cpr. nº 71.)

58. Quoi qu'il en soit, nous déciderions, par un principe de juste réciprocité, que si le père, soit parce qu'il n'est pas né en Alsace-Lorraine, soit pour toute autre cause (nos 32-38), n'a pas à opter pour lui-même, ses enfants mineurs nés dans la province resteront également Français de plein droit et sans option.

Pourtant le gouvernement allemand n'admet pas cette conséquence, ainsi qu'il ressort de la réponse faite par lettre du 25 mars, par M. de Rémusat, ministre des affaires étrangères, à un père né à Paris et dont les enfants encore mineurs sont nés à Mulhouse et à Strasbourg. Mais comment ce gouvernement accorde-t-il alors cette décision avec le principe en vertu duquel il ne reconnaît pas d'option faite *séparément* par un mineur, principe énoncé dans la circulaire allemande du 16 mars dans les termes les plus généraux et les plus absolus? (Cpr. aussi nº 184.)

b) Orphelins en tutelle.

59. Par le décès du père et de la mère ou de l'un d'eux, l'administration légale sous laquelle les enfants mineurs non émancipés se trouvaient placés pendant le mariage, est remplacée par la tutelle. (C. civ. art. 389 sv.)

Tandis que le père était maître, tant que durait le mariage, de toutes les actions intéressant ses enfants mineurs, le tuteur au contraire (ce tuteur fût-il même le père devenu veuf) n'a que les pouvoirs d'un administrateur, placé sous le contrôle d'un conseil de famille dont l'autorisation lui est nécessaire pour faire tous actes de disposition du patrimoine de son pupille et notamment, ainsi qu'on le reconnaît généralement, pour les actes qui intéressent l'état de ce dernier.

Or, la question de nationalité est une question d'état au premier chef. L'intervention du conseil de famille est donc indispensable pour l'admissibilité d'une déclaration d'option faite par un mineur en tutelle, ou en son nom. Ce premier point est indiscutable.

60. Mais faudra-t-il distinguer suivant que la tutelle a été provoquée par le décès du père, ou que ce dernier est encore vivant? On pourrait dire, dans le sens de l'affirmative, que la tutelle ne mettant pas fin à la puissance paternelle dont l'exercice appartient au père, et la nationalité du père régissant en général celle de l'enfant, l'option du père, qu'il soit ou non investi de la tutelle, devra profiter au pupille, attendu que la situation actuelle, que le législateur ne pouvait prévoir, est plutôt du domaine de la puissance paternelle que de la gestion tutélaire. Le père, bien qu'il ne soit pas le tuteur de son enfant mineur n'en conserve, par exemple, pas moins le droit de l'émanciper sans le concours du conseil de famille et dès l'âge de quinze ans (arg. art. 478, voy. n° 73) ; pourquoi n'aurait-il pas aussi le droit d'opter sans ce concours, au nom de cet enfant ? Il est vrai que s'il n'est pas chargé lui-même de gérer la tutelle, il n'a pas le caractère de *représentant légal* du mineur. Mais d'autre part, en supposant le cas le plus ordinaire où le père veuf sera en même temps le tuteur de ses enfants, dira-t-on que le conseil de famille sera le maître de refuser l'autorisation nécessaire à l'option que voudra faire pour ceux-ci le père tuteur, en même temps que pour lui-même ? Cela conduirait en pratique à attribuer aux enfants une nationalité différente de celle que le père doit nécessairement demeurer entièrement libre de choisir en ce qui le concerne personnellement, et par suite non-seulement à rendre ce dernier incapable de continuer à gérer la tutelle, parce qu'il serait devenu étranger, mais à le mettre encore dans l'obligation de se séparer à jamais de ses enfants, si l'exercice du droit d'option devait forcément entraîner l'émigration, ainsi qu'on l'annonce, émigration impossible au contraire pour les enfants, s'ils ont atteint l'âge de dix-sept ans. (Cpr. n° 80.)

61. Cette série de conséquences, dont la possibilité théorique suffit pour condamner le système qui les engendrerait, paraît inadmissible, et néanmoins les instructions allemandes y conduisent. « Les mineurs, dit la circulaire du 16 mars, suivent le choix de la nationalité du père, si *leurs* parents (*ihre Eltern*) sont encore en vie. » D'où il suit qu'il suffit qu'ils ne vivent plus *tous deux* pour que le père survivant perde, par l'effet de l'ouverture de la tutelle, — soit d'une manière absolue, si par une cause quelconque il n'est pas lui-même le tuteur, soit dans une certaine mesure du moins, parce que l'autorisation du conseil de famille lui sera nécessaire, — le droit qu'il avait seul durant le mariage, d'après la théorie allemande, d'entraîner par son choix le choix de la nationalité de ses enfants en tutelle.

62. Si telle est la situation faite au père, à plus forte raison en sera-t-il de même de la mère survivante. Elle n'a, quant à l'option de nationalité pour ses enfants mineurs, d'autres droits que ceux que lui conférerait sa qualité de tutrice, et il est bien entendu que si elle était remariée, l'option que son second mari ferait pour lui-même ne réagirait pas *ipso facto* sur la nationalité des enfants du premier lit. C'est peut-être à cette situation qu'entend faire allusion cette phrase assez inintelligible de la formule de déclaration adoptée pour l'Alsace-Lorraine : « La susdite option se rapporte sur ma femme, *avec laquelle je suis marié en première noce.* »

63. Puisque, comme on vient de le voir, il n'y a aucune distinction à faire, dans le système adopté par le gouvernement allemand, suivant que les enfants en

tutelle sont orphelins de père et de mère ou de l'un des deux seulement, étudions les conséquences de ce système dans leur généralité, sauf à examiner plus tard le cas spécial où le survivant des père et mère, investi de la tutelle, serait lui-même encore mineur (n° 77).

J'ai déjà fait ressortir la contradiction manifeste qui résulte de la manière différente dont la France et l'Allemagne interprètent le droit d'option des mineurs (n° 52). L'interprétation française ne peut donner lieu dans la pratique à aucune difficulté; je n'ai donc pas à m'y arrêter. — Il en est tout autrement de l'interprétation allemande. Il résulte en effet du rapprochement des mots soulignés dans les instructions reproduites au n° 52 ci-dessus, que la nationalité du mineur en tutelle devra dépendre toujours de l'option personnelle du tuteur, et que dès lors, si ce dernier juge convenable de ne pas opter pour lui-même, le mineur restera forcément Allemand, l'option séparée n'étant pas admise.

64. Cette solution, bien que très-critiquable comme nous l'avons vu (nos 47 et suiv.), ne soulèverait cependant pas de graves objections s'il ne devait s'agir jamais que de tutelles du survivant des père et mère ou d'ascendants paternels. Mais elle en provoque de très-sérieuses au cas où la tutelle aura été confiée à une personne étrangère à la famille, soit par le dernier mourant des père et mère (C. civ. art. 397), soit par le conseil de famille (art. 405).

65. Supposons qu'un pareil tuteur ne soit pas né lui-même en Alsace-Lorraine (il faut toujours le supposer Français, car les étrangers ne peuvent être tuteurs d'enfants français). Il n'a donc pas à opter pour lui-même, et il y aura en conséquence lieu à une option spéciale du mineur, si le conseil de famille juge la mesure utile, — à moins que le gouvernement allemand n'admette, ce que nous ne croyons pas, que le pupille suivra, dans cette hypothèse aussi, la nationalité du tuteur, en d'autres termes, qu'il restera Français sans option.

Le résultat est le même s'il s'agit d'une tutelle gérée par la mère née Française hors d'Alsace-Lorraine ou devenue Française par mariage.

66. Supposons, d'autre part que le tuteur, né sur les territoires cédés, ne veuille pas opter pour lui-même. Il ne nous semble pas qu'il doive être laissé seul juge de la convenance qu'il y aura à opter ou non pour son pupille et qu'il puisse ainsi priver ce dernier d'un droit dont l'exercice serait considéré par le conseil de famille comme favorable à la sauvegarde des intérêts du mineur. — Sans doute, le tuteur pourra, en alléguant une cause légale d'excuse, se faire décharger de la tutelle. Mais s'il s'y refuse? Ne semble-t-il pas que, pour vider le conflit qu'élèverait le tuteur par son inertie, son mauvais vouloir, ou simplement par l'appréciation de ses propres intérêts qui ne lui permettraient pas d'opter pour lui-même, il y ait lieu d'appliquer par analogie l'article 479 du Code civil et d'admettre, soit le subrogé tuteur (art. 420, col. 2), soit les parents ou alliés de l'enfant, au degré de cousin germain ou à des degrés plus proches, à requérir le juge de paix de convoquer le conseil de famille pour délibérer à ce sujet? (Voy. cet art. au n° 73.)

67. On pourrait imaginer d'autres hypothèses semblables, qui toutes conduiraient à la nécessité d'admettre, dans certains cas au moins, une option du mineur, indépendante de celle de son tuteur, soit que ce dernier n'ait pas d'option à faire pour lui-même, soit qu'il y ait conflit d'intérêts, soit enfin, parce qu'en cas de tutelle dative il serait contraire à tous les principes de faire dépendre la nationalité d'un enfant de celle d'une personne qui lui est complétement étrangère par les liens du sang. Dans ce dernier cas, il y aurait en réalité deux options entièrement distinctes, puisqu'elles s'appliqueraient à des personnes de familles différentes.

68. On voit les impossibilités matérielles ou morales auxquelles se heurtera dans la pratique le système allemand, système factice, et par conséquent faux, car il suffit que dans un seul cas il soit nécessaire d'admettre, pour une des raisons que nous avons indiquées, la possibilité d'une option spéciale pour le mineur, pour qu'il soit arbitraire de ne pas l'autoriser d'une manière générale toutes les fois du moins que la tutelle aura eu pour cause le décès du père.

Et en effet, la nationalité du père, que lui seul pouvait modifier et qui, lui mort, ne peut plus l'être, est un droit acquis à l'enfant, sur la tête duquel elle s'est consolidée irrévocablement par le décès du père; elle constitue une partie du patrimoine de l'enfant. (Aubry et Rau, §§ 52, note 2 et 72, note 24.) Il faut donc que les personnes qui représentent ce dernier et qui sont chargées de la défense de ses intérêts, puissent lui conserver cette nationalité, — elles en ont même la stricte obligation, — sans rétroactivité possible des faits ou des événements postérieurs au décès du père, tant que l'enfant ne sera pas devenu capable de disposer lui-même de ses droits. — Or, au point de vue du droit d'option, et en tenant compte des circonstances dans lesquelles s'est opérée la séparation des territoires cédés à l'Allemagne, la présomption est que l'enfant a intérêt à rester Français, sauf au conseil de famille à apprécier si la conservation de cette nationalité ne serait pas au contraire préjudiciable au pupille.

Si donc on persiste à refuser l'option que ferait le mineur lui-même *assisté* de ses représentants légaux (1), du moins faudrait-il, en cas de tutelle, que le tuteur autorisé par le conseil de famille, fût toujours admis à opter pour son pupille, orphelin de père, ou de père et de mère, sans qu'il y ait lieu de s'arrêter au parti que le tuteur prendrait pour lui-même. Cette solution est impérieusement commandée surtout quand il s'agit d'une tutelle dative, déférée à une personne étrangère à la famille de l'enfant.

69. On pourrait objecter que c'est la question de domicile qui doit être, avant tout, prise en considération et que l'orphelin non émancipé ne pouvant avoir d'autre domicile que celui de son tuteur (C. civ. art. 108), devra nécessairement suivre le sort de ce dernier.

(1) Les agents du gouvernement allemand tiennent si strictement au respect de cette règle, qu'ils auraient refusé, si nous sommes bien informé, de recevoir une déclaration complémentaire d'option qu'un tuteur, qui avait déjà opté pour lui-même, voulait faire, avec l'autorisation du conseil de famille, dans l'intérêt du pupille seul !

Mais remarquez que d'une part les instructions allemandes supposent explicitement le cas où le conseil de famille refuserait son autorisation, sans qu'un tel refus puisse, bien entendu, invalider l'option que le tuteur ferait pour son propre compte, — et que d'autre part, j'ai cité des cas, où le tuteur n'ayant pas à opter pour lui-même, ou ne le pouvant même pas, restera forcément Français. A moins d'admettre, ce qui serait absurde, que dans ces dernières hypothèses, et en partant de l'idée que tout Français sera obligé de quitter la province d'ici au 1er octobre, il y aurait lieu à option forcée pour le mineur (ou à maintien de la qualité de Français en sa faveur, sans option : nº 65), car le domicile du tuteur se trouvera transféré en France, où le pupille devrait dès lors le suivre, — il faut bien reconnaître que la question de domicile ne saurait sérieusement servir d'argument pour décider la question d'option.

Et s'il est absurde, comme nous venons de le dire, de conclure à la possibilité d'une option forcée pour le mineur, il serait non moins absurde de soutenir à l'inverse, que la non option du tuteur dût entraîner la non option forcée du mineur. Il faut donc que ces deux options demeurent indépendantes l'une de l'autre.

70. La seule conséquence légale que produirait une pareille option faite isolément par le pupille, ou pour lui, serait de nécessiter la reconstitution de la tutelle, car le tuteur étant devenu Allemand par défaut d'option personnelle, sera, en sa qualité d'étranger par rapport au mineur, devenu incapable de rester tuteur d'un

Français, lors même que ce dernier serait admis à continuer à résider dans la province. — Par identité de raison, il y aura lieu de reconstituer la tutelle en Alsace-Lorraine, toutes les fois que le mineur devenant irrévocablement Allemand pour défaut d'option faite par lui ou en son nom dans les délais, le tuteur aura opté pour son compte personnel, ou sera demeuré Français sans option, comme n'étant pas né sur le territoire cédé à l'Allemagne.

71. Nous avons supposé jusqu'ici que l'orphelin non émancipé est né lui-même en Alsace-Lorraine.

Que décider si les enfants dont la tutelle, ouverte sur les territoires cédés, y a encore actuellement son siége, ne sont pas néanmoins originaires de la province? Les instructions allemandes ne font aucune distinction à cet égard et disent au contraire dans les termes les plus formels, que les mineurs non émancipés, qu'ils soient *ou non* nés en Alsace-Lorraine, ne peuvent séparer leur sort de celui de leurs représentants légaux.

J'ai déjà montré (nº 57) que cette solution viole la lettre du traité de paix sans nécessité aucune, même quand le père est encore vivant. A plus forte raison en est-il ainsi si ce dernier est décédé. Dans ce cas, la difficulté devrait se résoudre, selon nous, par la distinction suivante :

1º Le père décédé était lui-même originaire d'Alsace-Lorraine. J'admettrais ici la nécessité d'une déclaration d'option pour conserver au mineur la nationalité française, car ne pouvant légalement acquérir de nationalité qui lui soit propre, il n'a pu hériter de celle que lui a laissée son père (voy. n° 68) que telle que ce dernier en avait lui-même joui, c'est-à-dire entachée du vice d'origine alsacienne-lorraine, qui ne peut être lavé que par une option expresse.

2° Le père décédé n'était, pas plus que son enfant actuellement en tutelle, originaire des territoires cédés.

Dans cette seconde hypothèse on n'aperçoit pas de quel droit on subordonnerait à une option la conservation de la nationalité française de l'enfant en tutelle. L'art. 2 du traité de Francfort ayant été formellement restreint dans son application, par les interprétations officielles qui sont intervenues et dont nous avons reproduit le texte au n° 33, aux individus français *nés sur les territoires cédés*, il serait tout à fait arbitraire de l'étendre à des enfants qui, si leur père vivait encore, ou s'ils étaient eux-mêmes majeurs, n'auraient pas été soumis à l'accomplissement des formalités auxquelles le traité de paix subordonne la conservation de la nationalité française.

72. Telles sont les principales objections que soulèvent, en ce qui concerne les mineurs non émancipés, les instructions allemandes, que nous rappelons ici pour prévenir toute confusion :

« Les mineurs non émancipés, qu'ils soient nés ou non en Alsace-Lorraine ne peuvent, aux termes de ces instructions, opter pour la nationalité française, ni par eux-mêmes ni par l'intermédiaire de leurs représentants légaux, séparément de ces derniers. — Ils suivent le choix de la nationalité du père, si leurs père et mère sont encore en vie. Ils ne suivent le choix fait par le tuteur pour son propre compte que si le conseil de famille y consent. »

Pour les instructions données en cette matière aux agents français, nous nous bornons à renvoyer au n° 52 ci-dessus.

2° MINEURS ÉMANCIPÉS.

73. Code civil français, art. 476 : « Le mineur est émancipé de plein droit par le mariage.

« Art. 477 : Le mineur, même non marié, pourra être émancipé par son *père*, ou à défaut de son père, par sa *mère*, lorsqu'il aura atteint l'âge de *quinze ans* révolus. — Cette émancipation s'opérera par la seule déclaration du père ou de la mère, reçue par le juge de paix assisté de son greffier.

« Art. 478 : Le mineur resté sans père *ni* mère pourra aussi, mais seulement à l'âge de *dix-huit ans accomplis*, être émancipé si le *conseil de famille* l'en juge capable. — En ce cas, l'émancipation résultera de la délibération qui l'aura autorisée et de la déclaration que le juge de paix, comme président du conseil de famille, aura faite dans le même acte, que le mineur est émancipé.

« Art. 479 : Lorsque le tuteur n'aura fait aucune diligence pour l'émancipation du mineur dont il est parlé dans l'article précédent, et qu'un ou plusieurs parents ou alliés de ce mineur, au degré de cousin germain ou à des degrés plus proches le jugeront capable d'être émancipé, ils pourront requérir le juge de paix et convoquer le conseil de famille pour délibérer à ce sujet. — Le juge de paix *devra* déférer à cette réquisition. »

74. L'émancipation a pour effet de soustraire la personne du mineur tant à la puissance paternelle (C. civ. art. 372), qu'à l'autorité tutélaire (art. 471, 480, 486). Il est nommé à l'émancipé un curateur, qui n'est pas son *représentant*, mais uniquement son *assistant* dans les actes que l'émancipé n'est pas capable de passer seul, notamment dans ceux qui intéressent son état. (Art. 480, 482). — En un mot, le mineur émancipé n'a pas de *représentant légal* ayant qualité d'agir pour lui, malgré lui et sans lui. Il n'est pas représenté mais complété, si l'on peut dire ainsi, par son curateur. A la différence du mineur non émancipé qui, légalement n'est *rien* (voy. cep. nº 49), le mineur émancipé jouit d'un certain degré de capacité.

75. En droit, il existe donc entre les deux situations des différences essentielles, et c'est à tort que le gouvernement allemand a entièrement assimilé, en ce qui concerne l'exercice du droit d'option, les mineurs émancipés nés en Alsace-Lorraine aux mineurs non émancipés. — Le gouvernement français ne s'est pas expliqué à cet égard. — « La disposition relative aux mineurs non émancipés (voy. nº 72), est-il dit dans les instructions allemandes, est également applicable aux mineurs émancipés, en tant qu'ils sont nés en Alsace-Lorraine. »

La confusion est d'autant plus frappante que, de droit commun, l'assistance du curateur suffit au mineur émancipé pour exercer toutes les actions qui intéressent son état, sans qu'il soit besoin de l'autorisation du conseil de famille, tandis qu'il semble résulter du système allemand que l'intervention de ce conseil est également exigée pour la déclaration d'option qui, contre toutes les règles, devrait donc être faite, dans ce système, non par l'émancipé *assisté* de son curateur, mais par le curateur *au nom* de l'émancipé.

76. La situation spéciale et intermédiaire faite par la loi française au mineur émancipé, quant à sa capacité juridique, paraît donc avoir échappé à l'attention du gouvernement allemand, qui l'a absolument méconnue en ce qui concerne l'exercice du droit d'option. — Aussi, tous les arguments que nous avons fait valoir à l'appui de la nécessité d'admettre l'option du pupille séparée de celle de son tuteur, *représentant légal* de l'enfant, s'appliquent à bien plus forte raison ici, où il ne s'agit plus que d'un simple *assistant* d'une personne déjà partiellement capable d'agir par elle-même, et qui, au fond, ne ferait en optant elle-même qu'un acte *conservatoire* d'une nationalité préexistante, et non un acte de disposition.

77. D'ailleurs, a-ton bien songé à toutes les conséquences que pourra entraîner l'application du système allemand aux mineurs émancipés? Supposez le cas où l'émancipation est résultée du mariage, supposez que le mari et la femme soient tous deux encore mineurs, ou bien que la femme seule soit majeure et qu'il soit déjà né des enfants du mariage! Comment procédera-t-on? Les enfants suivront la nationalité du père, mais celui-ci se trouvant encore en curatelle ne pourra

suivre à son tour que la nationalité que le curateur aurait choisie pour lui-même — si toutefois le conseil de famille y donne son consentement, au cas où le curateur opterait. Il dépendrait ainsi du conseil de famille de la curatelle de décider à la fois de la nationalité du père mineur, émancipé par mariage, et de celle des enfants, quoique le père comme tel, jouisse lui-même du droit d'option! — Il en serait absolument de même si le survivant des père et mère était encore mineur. La tutelle lui appartient de droit (C. civ., art. 390, 442-1°), bien qu'il soit lui-même encore en curatelle. Et c'est de l'option du curateur — qui sera le plus souvent une personne étrangère à la famille, — qu'on voudrait faire dépendre la nationalité de tous les membres de celle-ci! Il suffit d'énoncer de pareilles conséquences sans les développer pour percer à jour le système qui y conduirait. (Cpr. n° 90.)

78. Les instructions allemandes (circulaire du 16 mars) ajoutent : « Les mineurs émancipés *qui ne sont pas nés en Alsace-Lorraine* sont, en ce qui concerne le *droit d'option*, assimilés aux majeurs. »

Il faut évidemment restreindre cette disposition au cas où le père serait né lui-même dans la province, car s'il n'en était pas personnellement originaire, la question ne pourrait même pas se poser. (Cpr. n° 71.)

Mais alors n'y a-t-il pas inconséquence à admettre que l'émancipé est capable dans ce cas et à le déclarer incapable dans tous les autres? Cette décision, qui au premier abord paraît donc singulière, s'explique cependant, moins il est vrai par ce qu'elle dit que par ce qu'elle omet de dire. Elle établit une assimilation *en ce qui concerne le droit d'option.* Or, il n'y a pas lieu à option dans ce cas! Aussi, croyons-nous que le seul sens à attacher à ce passage de la circulaire allemande du 16 mars, c'est que, de même que les Français majeurs non originaires d'Alsace-Lorraine, mais qui y sont domiciliés, les mineurs émancipés actuellement établis dans la province, mais qui n'y sont pas nés, seront admis (ou invités) à *émigrer* en France avant le 1er octobre. (Cpr. circul. du 7 mars, nos I, 2, et II, 2, à la fin du volume.)

Nous touchons ici au côté le plus intéressant de notre sujet : le *droit d'émigration* existant concurremment avec le *droit d'option.* Ce point de vue a été jusqu'à présent presque complétement négligé : j'espère démontrer l'intérêt qu'il a particulièrement pour les mineurs émancipés, qu'ils soient d'ailleurs nés ou non en Alsace-Lorraine.

79. Par l'art. 5 des préliminaires de paix, le gouvernement allemand s'est engagé à n'apporter *aucun* obstacle à la libre émigration des *habitants* des territoires cédés (voy. no 11-1o).

Il est de principe constant en droit des gens que toutes les dispositions d'un traité préliminaire auxquelles il n'a pas été expressément dérogé par le traité définitif, ou qui ne sont pas inconciliables avec ce dernier acte, conservent la même autorité que le traité définitif lui-même (Martens, § 332; Klüber, § 323). — C'est ce que consacre d'ailleurs l'art. 17 du traité du 10 mai 1871 en disant : « Le règlement des points accessoires...

de ce traité *et* du traité préliminaire sera l'objet de négociations ultérieures... »

Or, il n'existe assurément aucune incompatibilité entre le *droit d'émigration* ainsi reconnu par l'Allemagne et le droit de conserver la nationalité française, appelé *droit d'option.* Donc ces deux droits coexistent. Si l'on néglige en général de parler du premier, c'est que le second produit des effets plus étendus et plus intéressants pour les populations des territoires annexés. Mais il peut se faire — et c'est le cas pour les mineurs émancipés, auxquels le gouvernement allemand refuse la faculté d'opter par eux-mêmes, — que l'option soit impossible et que l'émigration puisse servir alors de moyen subsidiaire.

80. Précisons tout d'abord le caractère de ce droit d'émigration garanti aux Alsaciens-Lorrains par les préliminaires de paix.

Aux termes de la législation en vigueur en Allemagne et qui a été étendue à l'Alsace-Lorraine par la loi du 9 juin 1871, l'autorisation d'émigrer, de quitter le territoire de l'empire, est soumise à certaines conditions et ne peut être notamment accordée aux hommes âgés de 17 à 25 ans, alors même qu'elle eût été obtenue par leur père (L. du 1er juin 1870, art. 15; règl. milit. du 26 mars 1868, § 52.) Elle ne peut d'ailleurs être refusée en temps de paix aux hommes qui ont satisfait à la loi militaire. (Loi citée, art. 17.)

81. Mais l'art. 5 des préliminaires de paix ne fait aucune de ces restrictions ; il garantit la liberté d'émigrer à tous les *habitants* indistinctement des territoires cédés, avec promesse qu'il n'y sera apporté *aucun* obstacle. Et d'ailleurs, à l'époque où cet engagement a été pris par le gouvernement allemand, les dispositions de droit commun que j'ai rappelées n'avaient pas encore reçu force de loi en Alsace-Lorraine et ne peuvent donc porter atteinte à la plénitude du droit garanti par les préliminaires de paix. (Cpr. nº 30.)

Nous sommes ainsi fondé à tenir cette déclaration du gouvernement allemand pour une autorisation d'émigrer (*Entlassung*) exceptionnellement accordée en bloc à tout Alsacien-Lorrain qui voudra en user, sans distinction d'âge ni de sexe, et à attacher à l'usage qui serait fait de ce droit tous les effets d'une *Entlassung* expresse que, dans les circonstances ordinaires, l'émigrant aurait demandée et obtenue.

Le principal de ces effets est de faire perdre instantanément la nationalité allemande, et de dégager par conséquent de toutes les charges que cette nationalité impose. Je reviendrai sur ce point quand je m'occuperai des effets de l'option dans ses rapports avec la loi militaire (voy. nº 187), et je m'en tiens pour le moment à ces notions générales, qui suffisent aux besoins de ma démonstration.

82. Or, la position du mineur émancipé, quelle est-elle? J'accorde pour un instant, puisqu'on le veut, qu'il ne soit pas possible de l'admettre à *opter* par lui-même et indépendamment de son père ou de son curateur, parce que pour opter, il faut être maître de ses droits (*dispositionsfæhig*) et que la capacité juridique du mineur émancipé n'est pas complète.

Mais une des principales conséquences de l'émancipation est d'attribuer à celui qui en est l'objet le droit absolu de *se choisir un domicile,* non pas, ainsi qu'on a voulu le soutenir, un simple domicile d'élection pour l'exécution d'un acte déterminé (C. civ. art. 111), mais un domicile véritable, au sens le plus étendu, un domicile général ou réel. (Arg. art. 108, 372 cb. 374) : le mineur émancipé est absolument *maître de ce droit-là ;* sous ce rapport, il a la même capacité qu'un majeur, il est *dispositionsfæhig* comme lui. En un mot, comme le dit énergiquement M. Demolombe (VIII, n° 265), « l'autorité paternelle ayant cessé par l'émancipation, l'enfant peut quitter la maison de son père *pour aller où il voudra,* pour faire ce qu'il voudra. »

Il a donc, comme émancipé, la capacité nécessaire pour s'établir où il l'entend, et par conséquent pour invoquer le droit assuré par l'article 5 des préliminaires de paix à tous les habitants des territoires cédés.

83. Mais, objectera-t-on, le mineur non émancipé pourra, lui aussi, émigrer. Je réponds qu'autre chose est, d'après la loi allemande, l'émigration (*Auswanderung*) et autre chose l'autorisation d'émigrer (*Entlassung*), que nous appellerons désormais *exeat,* pour prévenir toute confusion. Sans doute le père ou le tuteur pourra envoyer en France son fils ou son pupille, mais quelque long que soit le séjour que celui-ci y fasse, il n'en restera pas moins Allemand, car il ne pourra avoir d'autre domicile que celui de son père ou de son tuteur (que nous supposons devenus Allemands pour défaut d'option) et parce que l'émigration de fait sans *exeat* ne fait pas perdre la nationalité allemande et ne dégagerait donc pas le mineur des obligations que cette nationalité impose. Or, l'incapacité du mineur non émancipé d'avoir un domicile personnel, le met par là même dans l'incapacité d'invoquer le bénéfice de l'article 5 des préliminaires, qui équivaut, selon nous, à un *exeat* formel pour tous ceux qui sont légalement en mesure d'user du droit que cet article confère, et les mineurs émancipés sont de ce nombre. (Cpr. nº 188.)

84. Certains indices nous portent à penser que cette manière de voir, que je crois irréfutable en droit et rigoureusement d'accord avec les textes, est partagée par l'autorité allemande, qui cependant ne s'est pas explicitement prononcée sur la question du *droit* d'émigration distinct du droit d'option. Le plus caractéristique de ces indices résulte du passage suivant d'un article inseré le 2 avril dans la *Correspondance alsacienne*, organe semi-officiel de l'administration :

« Les mineurs émancipés peuvent également *émigrer* seuls, c'est-à-dire sans être accompagnés de leurs tuteurs (curateurs) ou de leurs parents, dans les pays qui, comme la Suisse, par exemple, accordent le droit de citoyen même aux mineurs. La France suivra-t-elle les procédés de la Suisse? Nous l'ignorons, mais nous ne doutons pas que le gouvernement français n'admette aux droits de citoyen les mineurs émancipés d'Alsace-Lorraine. »

Cette question d'acquisition de nationalité nouvelle, sur laquelle l'auteur insiste, est tout à fait indifférente. Il s'agit uniquement de savoir si le droit d'émigration peut être invoqué par le mineur émancipé. Si ce droit lui appartient, comme je crois l'avoir prouvé, il doit demeurer entièrement libre de l'exercer, sans avoir à justifier auprès du gouvernement allemand, de sa nationalité future ni du lieu où il entend s'établir en quittant le territoire régi par la loi allemande.

85. En fait, le mineur émancipé qui aurait usé du droit d'émigrer en vertu de l'article 5 des préliminaires, se trouvera dans une situation intermédiaire et anormale. Il aura instantanément été dépouillé de la nationalité allemande, sans cependant avoir pu retenir la nationalité française, qu'une déclaration formelle d'option aurait seule pu lui conserver, et qui, dans le système allemand, aura été perdue pour lui, par le défaut d'option de son père ou de son curateur. Toutefois la circulaire du ministre de la justice fait prévoir que cette situation sera régularisée par voie législative ; l'émancipé pourra jusqu'à ce moment se faire provisoirement admettre en France au bénéfice de l'art. 13 du Code civil.

3° CAS SPÉCIAUX.

86. Dans tout ce que nous avons dit sur l'option des mineurs, émancipés ou non émancipés, nous avons toujours supposé qu'il s'agissait d'enfants légitimes ou légitimés.

Les *enfants naturels* (simples, adultérins ou incestueux) sont en tutelle dès leur naissance. Ils suivent en général la condition et par conséquent la nationalité de leur mère, celle de leur père s'ils ont été reconnus par lui, et enfin celle que leur confère leur possession d'état si leur reconnaissance par leurs parents était légalement impossible (C. civ. art. 331, 335.) — Les enfants naturels peuvent d'ailleurs être émancipés comme les enfants légitimes, aux mêmes conditions et sans plus de formalités. (Cpr. nº 73.)

Il faut donc étendre en général aux enfants naturels ce que nous avons dit des enfants légitimes orphelins.

87. Mais il est une catégorie d'enfants qui se trouvent soumis à une tutelle d'une nature toute spéciale. Ce sont les *enfants trouvés, abandonnés*, ou *orphelins placés dans les hospices*. Aux termes de l'article 1er de la loi du 15 pluviôse an XIII, qui régit cette matière, la tutelle de ces enfants est confiée à la commission administrative de l'hospice qui les a recueillis. Cette commission forme le « conseil de tutelle. »

Or, il peut arriver et il arrivera que l'intérêt de tel de ces enfants exige que la nationalité française dont il jouissait, ne fût-ce que par le fait de sa naissance sur le territoire s'il est né de parents inconnus, lui soit conservée. Mais une pareille option serait impossible si l'on devait admettre, comme le veut le gouvernement allemand, que la nationalité du pupille ne pourra jamais être que celle que le tuteur se choisira pour lui-même, car la tutelle est ici gérée par une personne civile pour laquelle il ne peut être question d'option et dont la nationalité ne changerait pas, alors même que tous les membres d'une commission administrative opteraient individuellement pour leur compte personnel.

La loi de pluviôse dit bien que les commissions administratives devront désigner un de leurs membres qui tiendra lieu, le cas échéant, de tuteur à l'enfant, et autorise également ces commissions à émanciper les pupilles recueillis dans l'établissement. Mais si l'âge où l'émancipation est possible n'est pas encore atteint, recevra-t-on ce tuteur administratif à opter, en même temps que pour lui-même, pour tous ceux de ces enfants dont les intérêts lui ont été plus spécialement confiés, en supposant bien entendu que la commission y donne son consentement en sa qualité de « conseil de tutelle ? » Et ne trouvons-nous pas là une preuve de plus de l'indispensable nécessité d'admettre les mineurs en général à figurer personnellement dans l'acte de déclaration d'option qui les intéresse, pourvu qu'ils soient en âge d'exprimer une volonté ?

88. Que décider enfin, s'il s'agit d'une *tutelle officieuse?* (C. civ., art. 361 à 370). Peu ou pas de difficulté si l'enfant n'a pas de parents connus ou s'il se trouvait déjà antérieurement en tutelle. Dans un cas comme dans l'autre, le tuteur officieux prendra la place du tuteur ou de la commission administrative de l'hospice où l'enfant avait été recueilli, car la loi fait passer au tuteur officieux le gouvernement de la personne et l'administration des biens du mineur (C. civ., art. 365), dont il sera en conséquence, relativement à l'exercice du droit d'option, le *représentant légal.*

Mais la question devient plus délicate si nous supposons que le père *et* la mère (car autrement il y aurait tutelle) de l'enfant sont encore en vie. La tutelle officieuse ne fait pas cesser en effet, dans ce cas, la puissance paternelle ni les droits qui s'y trouvent attachés, et les instructions allemandes déclarent formellement, et sans distinction aucune, que si les parents du mineur vivent encore, celui-ci devra suivre le choix de la nationalité du *père*.

Je reconnais d'ailleurs que la question actuelle ne soulèvera guère de difficultés au sein des familles, car les père et mère seront toujours portés à laisser suivre à l'enfant la nationalité que le tuteur officieux croira devoir choisir pour lui-même. Mais il s'agit de savoir si le gouvernement allemand assimile ce cas à la tutelle ordinaire et s'il admettra, par exemple, un tuteur officieux à opter pour son pupille dont les père et mère encore vivants n'opteraient pas pour eux-mêmes. Ou si encore, le tuteur officieux n'ayant pas à opter pour lui-même comme n'étant pas né sur les territoires cédés, et restant dès lors Français de plein droit, on en concluera à la dissolution de la tutelle à raison de l'incapacité qui aura frappé le tuteur officieux de continuer à être investi, comme étranger, de la tutelle d'un enfant devenu Allemand pour défaut d'option de ses parents.

89. Quant au cas d'*adoption*, nous n'avons pas à nous en occuper, car bien que ce contrat ne puisse en principe se lier entre Français et étranger au moment où il est conclu, il ne peut cependant intervenir qu'au profit d'un individu majeur (C. civ., art. 346), qui dès lors a, au point de vue de l'exercice du droit d'option, une capacité personnelle, distincte de celle dont jouit l'adoptant.

II° Femmes mariées.

90. Les *filles majeures* ont, en général, les mêmes droits et la même capacité que les hommes majeurs, et sont, en ce qui concerne l'exercice du droit d'option, à leur assimiler entièrement.

Il n'en sera pas toujours de même des femmes *veuves*. Si elles sont encore en état de minorité, il doit leur être donné un curateur, dont le mari tenait lieu durant le mariage. L'assistance de ce curateur leur sera donc nécessaire pour conserver leur nationalité française, ou plutôt, d'après les instructions allemandes, leur option dépendra de celle de leur curateur autorisé par le conseil de famille. — Si elles ont des enfants, et qu'elles soient elles-mêmes majeures ou mineures, elles n'ont à l'égard de la nationalité de ces derniers d'autres droits que ceux qu'elles tiendront de leur qualité de tutrice, et nous nous trouvons alors en présence de la difficulté que nous avons indiquée au n° 77.

Ajoutons que la femme devenue veuve après que son mari défunt aura laissé expirer les délais d'option sans avoir conservé par ce moyen sa nationalité française, n'en devra pas moins être admise à invoquer le bénéfice du 2e alinéa de l'article 19 du Code civil et à recouvrer ainsi sa qualité de Française, si, suivant les modifications que nous indiquons aux numéros suivants, elle n'avait pas été reçue à opter isolément du vivant de son mari. (Cpr. nº 154.) — Nous arrivons aux *femmes mariées.*

91. « En principe, porte la circulaire du ministre de la justice en date du 30 mars, et d'après les articles 12 et 19 du Code civil, la femme suit la condition de son mari. C'est une question controversée que celle de savoir si le changement de nationalité du mari peut modifier la nationalité que le mariage a conférée à la femme. Aussi, pour éviter les difficultés qui pourraient se produire ultérieurement, en matière de succession notamment, la femme mariée née en Alsace-Lorraine, qui voudra mettre sa nationalité à l'abri de toute contestation, devra faire, avec l'assistance de son mari, une déclaration d'option. »

Le gouvernement allemand n'a donné, sur ce point particulier, aucune instruction. Mais sa circulaire générale du 7 mars dit expressément que, pour pouvoir opter personnellement, il faut être maître de ses droits (*dispositionsfæhig*) et, d'autre part, la formule de déclaration d'option, adoptée par le même gouvernement, paraît n'admettre l'option de la femme que par l'intermédiaire du mari.

92. En droit, on peut appliquer à la femme mariée ce que nous avons dit de la nationalité du mineur dans ses rapports avec la nationalité du père (nos 54-56). Car s'il n'est pas tout à fait exact de dire que la femme suit toujours la condition de son mari, du moins faut-il reconnaître que le changement de nationalité qui résultera définitivement du défaut d'option dans les délais ne sera pas ici le fait du mari mais celui de la conquête et que par conséquent, à l'inverse, l'option faite par le mari seul devra également faire échapper sa femme à cet effet de la dénationalisation du territoire.

93. Mais en fait, il se trouvera que le mari n'aura pas toujours à opter pour lui-même. Dira-t-on qu'alors la femme restera également Française sans option ? Le ministre français de la justice recommande en pareille circonstance à la femme, à titre de précaution prudente, de faire une option personnelle, avec l'assistance de son mari. Toutefois en Alsace-Lorraine, le gouvernement allemand ne paraît pas disposé à accepter de semblables déclarations séparées. Est-ce à dire qu'il considère la femme comme suivant de plein droit la condition de son mari ? Dans ce cas, toute difficulté disparaîtrait, et la décision serait d'accord avec un arrêt rendu par la Cour de Paris le 24 avril 1844, à l'occasion de la loi du 14 octobre 1814, et d'après lequel « les principes qui fixent la condition de la femme mariée doivent avoir pour effet non-seulement de lui imposer la nationalité que son mari pourrait avoir à l'époque de son mariage, mais encore d'entraîner l'obligation de subir et d'accepter pour elle les changements que les circonstances politiques peuvent amener dans la nationalité du mari. »

94. Quatre hypothèses pourront se réaliser dans la pratique :

1° Française de naissance ou par mariage (art. 12) mariée à un Français. — La nationalité française se conservera indépendamment de toute option.

2° Française mariée à un Alsacien-Lorrain. — Le défaut

d'option du mari devra également entraîner la dénationalisation de la femme (le ministre de la justice l'admet lui-même, parce qu'il pose en thèse que la femme suit la condition du mari), mais en cas d'option, la femme qui ne figurerait pas personnellement sur la déclaration n'en demeurerait pas moins Française, lors même que le mariage aurait été célébré dans la province, car si elle avait été fille ou veuve, elle n'aurait pas eu à opter.

3° Alsacienne-Lorraine mariée à un Français. — Par réciprocité de ce qui a été dit au numéro précédent, et le mari n'ayant pas dans ce cas à opter pour lui-même, il n'y aurait pas lieu non plus à option personnelle de la part de la femme. C'est le cas prévu par le ministre de la justice, qui cependant recommande à la femme d'opter dans ce cas. — L'administration allemande, au contraire, ne lui en fournit pas le moyen.

4° Alsacienne-Lorraine mariée à un Alsacien-Lorrain. — Bien qu'en vertu du principe qui fait dépendre la condition de la femme de celle de son mari, principe auquel semblent s'être attachés les deux gouvernements, l'option du mari doive entraîner dans ce cas celle de la femme, nous croyons cependant que, pour éviter toute contestation ultérieure, la femme devra figurer nominativement sur le certificat de déclaration d'option délivré au mari.

95. Quant à la femme remariée, elle pourra opter, s'il y a lieu, comme tutrice de ses enfants du premier lit, et devrait donc, dans ce cas-là au moins, être admise à faire une déclaration indépendante de celle de son second mari. Est-ce peut-être là l'intention que

cache la phrase énigmatique que j'ai déjà signalée dans la formule allemande : « Avec laquelle je suis marié en première noce? » Mais si l'option séparée de la femme est admise dans ce cas (et elle devra l'être, à moins de dire que la qualité de cotuteur, que l'art. 396 du Code civil confère au second mari, lui attribue le droit de disposer de la nationalité des enfants que sa femme a eus d'un premier mariage), que deviendra le principe qui fait suivre à la femme la condition de son mari?

96. La séparation de corps n'ayant pas pour effet de dissoudre le mariage ni même de soustraire la femme à la nécessité de l'autorisation maritale, ne doit pas non plus avoir pour conséquence de conférer à la femme séparée le droit de faire une option distincte de celle de son mari, si ce droit est refusé d'une manière et par mesure générales aux femmes mariées. Elle devra donc figurer, s'il y a lieu, dans l'option que le mari fera pour lui-même et ne pourra conserver isolément la nationalité française à laquelle renoncerait ce dernier.

97. Je ne fais d'ailleurs aucune difficulté de reconnaître que toutes ces solutions sont très-controversables, et que, comme pour maint autre point de cette étude, j'ai bien moins entendu résoudre ici les diverses hypothèses que la pratique fera surgir, que montrer combien cette question de l'option se complique dans l'application et a été insuffisamment élucidée par les instructions émanées des deux gouvernements.

Nous allons en rencontrer de nouvelles preuves.

III° Individus en état d'interdiction judiciaire ou légale — Condamnés et aliénés.

98. L'article 4 de la convention additionnelle du 11 décembre 1871 stipule que « les *condamnés originaires des territoires cédés*, qui sont actuellement détenus dans les prisons, maisons centrales et établissements pénitentiaires de la France et de ses colonies, seront dirigés sur la ville la plus rapprochée de la nouvelle frontière, pour y être remis aux agents de l'autorité allemande. — ... Il en sera de même des personnes recueillies dans les maisons d'*aliénés.* »

Est-ce à dire que les individus qui rentrent dans l'une ou l'autre de ces catégories sont, par cela même, privés du droit d'opter pour la nationalité française, soit par eux-mêmes, soit par l'intermédiaire des personnes chargées de la sauvegarde de leurs intérêts? Une pareille conclusion serait manifestement exagérée et inique, car on leur retirerait ainsi, sans juste motif, un bénéfice assuré de la manière la plus générale par le traité de paix à tous les Alsaciens-Lorrains, et qui n'a pas pu être compromis par la disposition, toute spéciale dans son objet, de l'article 4 de la convention additionnelle.

99. En élargissant la question, nous sommes amené à nous demander quelle sera, au point de vue de l'exercice du droit d'option, la situation des individus majeurs qui, par suite d'infirmités ou de condamnations,

ne jouissent pas actuellement de leur pleine capacité juridique et n'ont pas le libre exercice de leurs droits. A cet égard, les textes, aussi bien que les instructions émanées des deux gouvernements, sont entièrement muets. Et comme le raisonnement par analogie serait ici dangereux, je crois devoir m'interdire de proposer aucune solution et me borner à montrer combien il importe que cette grave lacune soit comblée par les autorités à qui il appartient de faire connaître à leurs agents et au public les règles qu'elles auront adoptées pour ces cas particuliers.

100. Les *condamnés* qui subissent actuellement leur peine et qui ne seront pas libérés avant le 1er octobre, doivent-ils être admis à opter dans les délais, malgré leur état de détention ?

Si la condamnation a emporté dégradation civique et interdiction légale, la négative n'est pas douteuse, car ces individus se trouvent alors sous le coup d'une incapacité légale absolue, qui les prive de toutes les prérogatives du citoyen.

Mais il en serait tout autrement s'ils n'ont été frappés que d'une peine correctionnelle, eussent-ils même été temporairement privés des droits qu'énumère l'article 42 du Code pénal. Ils doivent, en pareil cas, être admis à opter comme s'ils étaient en état de liberté et, par conséquent, être maintenus dans l'établissement pénitentiaire français où ils subissent leur peine, ou être restitués par l'Allemagne au gouvernement français, s'ils sont détenus en Alsace ou s'ils avaient déjà été l'objet d'une mesure d'extradition en vertu de l'article 4 de la convention additionnelle. Décider autrement serait les frapper d'une incapacité que le juge n'avait pas prononcée.

101. En ce qui concerne les individus en état d'*interdiction judiciaire* et les individus non interdits placés dans un établissement d'*aliénés*, la question devient beaucoup plus délicate.

Les privera-t-on purement et simplement du droit d'option? Mais ils peuvent arriver à guérison, l'interdiction qui les rend actuellement incapables peut être levée, très-peu de temps peut-être après le 1er octobre! Ou bien fera-t-on dépendre leur nationalité de celle qu'auront choisie pour elles-mêmes les personnes chargées de veiller à leurs intérêts? Cette solution, que nous avons déjà combattue quand il s'agissait de mineurs en tutelle, serait encore bien plus inacceptable ici : la seule qui soit équitable serait de réserver le droit d'option de ces individus jusqu'au jour où ils se trouveront en état de l'exercer par eux-mêmes.

102. Il est enfin une dernière catégorie d'individus majeurs, incapables d'exercer personnellement tout ou partie de leurs droits : ce sont ceux qui se trouvent pourvus d'un conseil judiciaire. Au premier abord, leur capacité relativement à l'exercice du droit d'option ne paraît pas devoir être mise en doute, mais on peut se demander s'ils devront être admis à opter sans l'assistance de leur conseil, alors que le choix qu'ils feraient pourrait gravement compromettre leur patrimoine dont l'administration leur a été enlevée. Ils sont incapables d'exercer aucunes actions immobilières et nous avons dit que les actions relatives à l'état des personnes sont assimilées aux actions immobilières.

103. Ce n'est pas tout. Quelle sera la situation de la *femme* et des *enfants* du condamné, de l'interdit, de l'aliéné, à l'égard du droit d'option? Quelle sera celle de la femme et des enfants d'un *absent* qui n'est encore qu'en état de présomption d'absence (la déclaration d'absence donne lieu à ouverture de la tutelle) ou d'un individu en état de *contumace*? Autant de questions très-graves, pour la solution desquelles les instructions publiées jusqu'à ce jour ne sont d'aucun secours, et que la situation anormale faite par la conquête aux Alsaciens-Lorrains ne permet pas de résoudre à l'aide des principes généraux du droit.

V

FORMES DE L'OPTION.

104. L'article 2 du traité du 10 mai 1871 subordonne la conservation de la nationalité française par les Français originaires des territoires cédés, à l'accomplissement de deux actes distincts :

1° Déclaration faite devant l'autorité compétente;

2° Translation du domicile en France.

PREMIÈRE FORMALITÉ : *Déclaration d'option.*

105. La déclaration requise des Alsaciens-Lorrains qui entendront conserver la nationalité française doit être faite :

A Strasbourg (rue Brûlée, 2) et à Metz, au directeur de la police;

Dans les autres localités d'Alsace-Lorraine, au directeur de l'arrondissement (Kreisdirector) dans lequel est situé le lieu de résidence de l'optant;

Sur le territoire continental de la France (ainsi qu'en Corse, en Algérie et dans les colonies françaises), au maire du domicile du déclarant (ou au fonctionnaire qui en tient lieu);

A l'Etranger, la déclaration doit être faite à une chancellerie diplomatique ou consulaire française. L'immatriculation effectuée ou renouvelée dans une de ces chancelleries tient lieu de déclaration (art. 1er, al. 2 de la convent. addit. du 11 déc. 1871; Rapport de M. d'Harcourt à l'Assemblée nationale; Circul. du Président supér. d'Alsace-Lorraine, du 7 mars 1872, n° III; Circul. des ministres français de la justice et des affaires étrangères).

106. Il semblerait résulter de la lettre de l'art. 1er de la convention additionnelle, qui ne s'occupe que des déclarations à faire par les « individus qui résident *hors d'Allemagne,* » que les Alsaciens-Lorrains résidant hors des territoires cédés, mais sur territoire *allemand,* auraient également à faire leur déclaration, tout comme ceux qui habitent la province même, devant le *Kreisdirector* du ressort administratif dans lequel ils se trouvent. Mais outre les objections du principe qu'on pourrait faire à cette solution, et outre la considération que l'institution des *Kreisdirectoren,* qui seule a été formellement spécifiée comme autorité compétente pour recevoir les déclarations d'option, n'existe pas uniformément dans toute l'Allemagne, nous ferons remarquer qu'aux termes précis de la circulaire du Président supérieur de la province, les déclarations ne sont à faire devant ces fonctionnaires « que par les personnes qui habitent l'Alsace-Lorraine, » et que « toute autre personne » (*alle übrigen Personen*) devra s'adresser, même en Allemagne, à l'une des autorités françaises indiquées par l'art. 1er de la convention additionnelle (voy. p. 150, III, 2°).

107. Le déclarant doit être muni des pièces établissant son état civil et celui des personnes au nom desquelles il agit (actes de naissance, de mariage), ainsi que tout document propre à justifier de la qualité en laquelle il agit, si l'option n'est pas personnelle.

A Strasbourg et, croyons-nous, en Alsace-Lorraine en général, on n'exige pas la présentation d'*extraits* proprement dits des registres de l'état civil : il suffit de simples certificats d'inscription sur lesdits registres, qui se délivrent sans frais dans les mairies, et qui ne sont pas sujets à timbre ni à légalisation.

108. Mais d'autre part, et outre les pièces que je viens d'indiquer, on demande, à Strasbourg du moins, un *certificat de résidence*, délivré gratuitement par le bureau de police municipale à la mairie et dont voici la formule :

« Nous, Maire de la ville de Strasbourg,
« certifions que le S^{r}... (nom, prénoms et qualité), né le à
demeurant en ce moment (rue et n^{o}) réside à Strasbourg depuis ____________________
____

« Le présent certificat délivré sur ____________________
____
____

« Strasbourg, le ______ 18___
(L. S.) « Pour le maire,
« L'adjoint délégué à la police. »

Il ne nous a pas été possible d'apprendre quel est l'objet de cette pièce, établie sur la demande du directeur de la police devant lequel la déclaration d'option doit être faite. (Cpr. nº 115.)

109. La déclaration est inscrite sur un registre, au vu des pièces présentées et d'après les renseignements verbaux fournis par le déclarant, qui la signe après que lecture lui en a été préalablement donnée. — Il lui en est remis le lendemain une ampliation rédigée en allemand et en français, sur papier libre, et dont on trouvera la formule aux *Pièces annexes*.

La déclaration est reçue et le certificat de déclaration délivré gratuitement. Toute la formalité ne donne en conséquence lieu à *aucuns frais ni débourses*.

110. Pour les déclarations d'option qui sont faites en *France*, la circulaire ministérielle du 30 mars 1872 en détermine la forme ainsi qu'il suit :

« .... Quant aux Alsaciens-Lorrains qui résident en France, le maire de leur résidence est, aux termes de la convention additionnelle, le seul fonctionnaire qui ait qualité pour recevoir leur déclaration.

« Ces déclarations seront inscrites sur papier libre, et ne devront donner lieu à aucuns frais.

« Afin d'en simplifier autant que possible les formes et d'en rendre l'exécution plus rapide, j'ai pensé qu'il suffirait de les consigner sur des feuilles imprimées à l'avance, contenant une double formule de déclaration dont vous trouverez le modèle ci-joint(1) ; l'un de ces

(1) Voy. ce modèle de formule aux *Pièces annexes*.

doubles sera remis au déclarant, l'autre devra m'être transmis par votre intermédiaire.

« Il a été convenu, en effet, avec mes collègues des affaires étrangères et de l'intérieur, que c'était au ministère de la justice que les déclarations devraient être centralisées pour assurer l'exécution de la disposition finale de l'art. 1er de la convention du 11 décembre, aux termes de laquelle le gouvernement français doit notifier au gouvernement allemand les listes nominatives des déclarants.

« Afin d'éviter une trop grande accumulation dans les bureaux de la chancellerie, je vous prie de prescrire aux maires de votre département de vous adresser les déclarations aussitôt qu'ils les auront reçues ; vous devrez leur en accuser réception immédiatement. Vous voudrez bien me les adresser à la fin de chaque semaine, en y ajoutant un état nominatif rédigé en double exemplaire. L'un des doubles vous sera renvoyé, après vérification, pour vous tenir lieu d'accusé de réception. De cette manière, il sera facile de constater si toutes les déclarations sont parvenues à destination.

« Enfin, j'ai décidé qu'elles seraient insérées par extrait au *Bulletin des Lois* afin de les mettre à l'abri de toute éventualité de destruction, et de permettre aux intéressés de retrouver toujours facilement le titre de leur nationalité. »

111. Des instructions analogues ont été adressées aux chancelleries diplomatiques et consulaires, pour les options qui seront faites à *l'étranger* en faveur de la nationalité française, par une circulaire du ministre des affaires étrangères en date du 4 avril 1872. — La formule du certificat de déclaration est identique, sauf pour la qualification du fonctionnaire qui le délivre, à celle qui a été prescrite pour les déclarations reçues en France (voy. *Pièces annexes*). — Si l'option est faite par voie d'immatriculation en chancellerie, il est remis au déclarant un certificat ou extrait du registre qui constate cette immatriculation.

112. La déclaration d'option peut être faite :

1° Par l'optant, en son nom personnel, s'il a la capacité requise ;

2° Par l'optant, pour lui-même et pour les personnes dont il est le représentant légal, en justifiant de cette qualité.

Il y a ici plusieurs distinctions à établir.

Dans le système français, qui admet, pour les déclarations reçues *en France et à l'étranger*, des options séparées de la part des personnes en puissance, la simple *assistance* des mari, père, tuteur ou curateur suffit. — Si la déclaration est faite collectivement par le père et ses enfants mineurs, mention en est faite sur le certificat, avec l'indication des noms, lieux et dates de naissance de chacun des enfants.

Au contraire, *en Alsace-Lorraine*, où les déclarations sont reçues par les agents du gouvernement allemand, qui refuse d'autoriser, comme nous l'avons vu, les options faites séparément au nom des mineurs, et qui n'admet pas ceux-ci à participer en personne à l'acte de déclaration, le tuteur (ou curateur?) qui agira en leur nom devra être porteur de la délibération par laquelle le conseil de famille aura consenti à l'option.

Nous avons déjà fait remarquer que les mineurs, dont les père et mère vivent encore, devant toujours suivre, dans le système allemand, le choix de la nationalité du père, il s'ensuit que ceux même dont le nom aurait été omis dans la déclaration n'en devraient pas moins demeurer Français comme l'optant. Nous en avons même conclu, pour ce cas spécial, à la possibilité d'une option tacite (nº 56).

Toutefois, pour prévenir toute contestation ultérieure sur la nationalité de l'enfant, la prudence la plus élémentaire commande au père de comprendre nominativement dans sa déclaration (comme y invite d'ailleurs la formule allemande) tous ceux de ses enfants mineurs auxquels il voudra étendre le bénéfice de son option, ainsi que le nom de sa femme.

La raison d'être de cette précaution s'explique très-naturellement dans la pratique. En effet, il faut que le gouvernement allemand se trouve, après le 1er octobre (et sous réserve des options qui seront faites hors d'Europe), en mesure d'établir la nomenclature exacte des optants d'après les déclarations qu'il aura lui-même reçues et les listes que le gouvernement français s'est obligé à lui fournir tous les trimestres, et de faire inscrire, s'il le juge convenable, en marge des actes de naissance respectifs, consignés sur les registres de l'état civil des diverses communes d'Alsace-Lorraine, la mention de la nationalité française conservée moyennant la déclaration exigée. Cette opération, que les optants ont eux-mêmes intérêt à faciliter, présenterait des difficultés insurmontables si le déclarant ne prenait soin de désigner nominativement toutes les personnes au nom desquelles il a capacité d'opter et auxquelles il entend que sa propre déclaration profite.

3° La déclaration d'option peut enfin être faite par mandataire, porteur de pouvoirs spéciaux conférés *ad hoc* par procuration notariée. L'admissibilité de ce mode de déclaration ne saurait être douteuse. (Cpr. Code civ., art. 36, 44, 66; voy. aussi *ibid.*, art. 412, 1356, etc.) Mais des pouvoirs généraux ou une procuration sous signature privée seraient insuffisants.

113. La question de savoir en quel lieu la déclaration d'option peut être valablement faite n'est pas sans présenter des difficultés, qui proviennent surtout de l'extension donnée par l'art. 1er de la convention additionnelle au principe posé par l'art. 2 du traité de paix, et du défaut de propriété dans les expressions dont se sont servis les négociateurs.

L'option n'étant exigée, d'après le traité de paix, que des originaires *actuellement domiciliés* sur les territoires cédés à la date de la signature de cet acte, il était naturel que la déclaration se fît au lieu du domicile même, d'autant plus que, comme je l'ai déjà dit et comme nous allons le voir avec plus de détail, cette déclaration pouvait être assimilée à celle qui est exigée de droit commun en cas de changement de domicile et qui, d'après l'art. 104 du Code civil, doit être faite « à la municipalité du lieu qu'on quittera. ».

114. Toutefois, même à ne s'en tenir qu'à l'art. 2 du traité de paix, dont la disposition n'a été connue du public qu'après le 20 mai 1871, date de l'échange des ratifications, il serait bien rigoureux d'exiger que la déclaration fût toujours faite au domicile réel de l'optant. — Il faut considérer aussi qu'entre les préliminaires, dont l'art. 5 accordait le droit de libre émigration, et le traité, il s'est écoulé près de trois mois pendant lesquels les Alsaciens-Lorrains alors domiciliés dans la province ont pu croire que l'émigration serait leur seule ressource. On ne peut donc exiger d'eux qu'ils retournent au lieu de leur ancien domicile pour y faire la déclaration d'option, sous peine de n'avoir pas valablement conservé la nationalité française. La même observation s'applique aux nombreux fonctionnaires et employés qui ont été replacés en France depuis la signature du traité de paix.

115. La disposition de l'art. 1er de la convention additionnelle et les commentaires officiels auxquels cet article a donné lieu sont loin d'avoir simplifié la question que j'examine. On y a indifféremment employé les mots de *domicile, résidence, habitant*, etc., comme si ces mots n'avaient pas chacun, dans la langue du droit, leur signification bien arrêtée et nullement synonyme.

Si j'insiste, c'est que cette question de savoir si les déclarations peuvent être faites ou non indistinctement en quelque lieu que ce soit et seront toutes également valables, est de nature à entraîner, selon qu'elle sera résolue, des conséquences très-graves. J'y appelle particulièrement l'attention à raison du passage suivant de la *nouvelle* formule allemande, qui n'a été mise en usage que depuis le mois d'avril dernier : «.... Au 2 mars 1871, j'étais déjà et suis encore à présent domicilié à... » — Je ne suis pas en mesure de dire à quelle intention cette phrase a été insérée dans la formule, mais elle vise évidemment tous ceux qui ont conservé sur les territoires cédés le domicile qu'ils y avaient antérieurement à la cession. En rapprochant de ce fait la circonstance qu'il est exigé du déclarant un certificat de résidence (nº 108) portant expressément l'indication de sa demeure (nom et nº de la rue), je serais assez porté à supposer que le gouvernement allemand ne fera aucune difficulté de reconnaître pour valables les déclarations faites en France ou à l'étranger, toutes les fois qu'il y aura eu *départ effectif*, mais qu'il ne considérera pas comme telles celles qui auraient été faites hors des territoires cédés par des personnes dont la présence continue ou habituelle y aura été constatée du 2 mars 1871 au 1er octobre 1872. Le certificat de résidence n'aurait alors d'autre objet que de permettre à la police de surveiller — et au besoin d'expulser — ceux dont elle aura reçu les déclarations, tandis que les autres seraient purement et simplement considérés comme n'ayant pas opté, bien que leurs noms se trouvassent sur les relevés trimestriels des déclarations reçues par les agents français.

On voit les conséquences qui pourraient résulter de là, à un moment où il ne serait plus temps d'y remédier, pour beaucoup de familles qui croiraient leur option valable et qui voudraient continuer à résider, en qualité de Français, dans la province.

Nous ne faisons ici qu'une simple hypothèse et nous désirons nous être trompé, mais l'observation s'imposait à nous par suite de la rédaction obscure et ambiguë de la formule allemande, qu'on ne saurait trop méditer.

SECONDE FORMALITÉ : *Translation du domicile en France.*

116. Cette seconde formalité n'est exigée que des Français originaires des territoires cédés, qui étaient domiciliés sur ces territoires au moment de leur cession à l'Allemagne. C'est ce qui résulte clairement de la comparaison des termes de l'article 2 du traité de paix et de l'article 1er de la convention additionnelle. Nous avons déjà appelé, à ce sujet, l'attention sur l'évolution qui s'est opérée dans l'économie du système de l'option, par la substitution de la notion d'origine à celle de domicile (nos 13 sv., 21 sv.). L'article 1er de la convention part de l'idée que tous les individus dont il s'occupe avaient déjà transporté, antérieurement au 2 mars 1871, leur domicile hors d'Alsace-Lorraine. Au contraire, l'article 2 du traité de paix, par cela même qu'il ne s'applique qu'aux originaires *actuellement domiciliés* sur les territoires cédés, devait attacher une importance particulière à la translation du domicile en France et en faire une formalité spéciale, nécessaire à la validité de l'option de la catégorie d'optants que cet article a en vue.

117. Cette disposition de l'article 2 du traité de paix, de laquelle les journaux allemands ont si étrangement conclu à l'obligation d'émigrer, disposition qui d'ailleurs, ainsi que nous le verrons, n'est pas si nouvelle qu'on semble le croire, et que les négociateurs de Francfort n'ont même pas le mérite d'avoir imaginée, s'explique et se justifie sans aucune difficulté si on la dégage de toutes les considérations qui doivent y rester étrangères.

La situation, quelle est-elle? Le traité de paix suppose qu'il se trouvera en Alsace-Lorraine des Français originaires de la province, où ils ont leur domicile, et qui néanmoins tiendront à conserver la nationalité française. Une simple déclaration eût-elle été suffisante dans ces circonstances? Non, car tout Français doit avoir un domicile en France. C'est le plus ordinairement le domicile d'origine; à défaut de domicile connu, la résidence en tient lieu. Or, pour les optants qui sont encore domiciliés en Alsace-Lorraine, leur domicile d'origine se trouve actuellement sur territoire étranger, par rapport à la loi française, et, quant à leur résidence, nous supposons qu'elle continue à être fixée en Alsace-Lorraine. Il faut donc de toute nécessité qu'ils transportent leur domicile sur territoire français. Telle est dans sa simplicité et dans sa vérité toute l'économie de la disposition que nous examinons dans l'article 2 du traité de paix. Y ajouter, c'est violer la lettre de cet article et en fausser l'esprit.

118. Cette nécessité pour tout Français d'avoir un domicile en France est uniquement, dans le droit moderne, une règle de bon ordre, une loi d'organisation. Il faut que la loi française sache où trouver tout citoyen soumis à son empire. C'est le domicile qui détermine la compétence des officiers publics pour le mariage (C. civ. art. 74, 165), le lieu sur les registres duquel doivent être transcrits les actes de naissance, de décès, de mariage, dressés hors de France et intéressant des Français (art. 60, al. 2, 61, 87, al. 2, 93, 171), les tribunaux compétents en matière d'absence (C. civ. art. 112, 115, 120, 129; C. de proc. art. 859), d'interdiction (C. civ., 492), de nomination de conseil judiciaire (514), d'autorisation maritale (C. proc. 861) et de demande en séparation de corps (C. proc., 865 et 875). — C'est encore d'après le domicile que se règle la compétence des juges de paix en matière de tutelle (C. civ. art. 406), d'adoption (art. 353), de tutelle officieuse (363) et d'émancipation (477). C'est au lieu du domicile que s'ouvre la tutelle (406), la succession (110, 822 et 1057), la faillite (C. de comm. 438). C'est là que doivent avoir lieu les payements, à défaut de stipulation contraire (1247, al. 2) et se faire en général les citations, assignations, remises des exploits d'ajournement et significations extrajudiciaires (C. de proc. art. 2, 4, 50, 59, 61, 68, 420, etc.).

On voit, par cette énumération qui n'est pas complète, qu'il n'est guère d'acte de la vie civile qui ne soit susceptible de mettre la question de domicile en jeu.

119. Qu'est-ce donc que le *domicile?* Est-il synonyme de *résidence?* Dans la langue vulgaire on confond souvent ces deux mots, qui ont au contraire, chacun, dans la langue juridique, leur signification propre et bien arrêtée. Le domicile n'est pas, comme la résidence, un *fait* mais une fiction de droit, c'est un rapport juridique établi par la loi entre la personne et le lieu où elle est *présumée* ne rien ignorer de ce qui y sera adressé pour elle, où elle est *censée* être toujours, quand même elle n'y serait jamais (ainsi des Français établis à l'étranger), par opposition à la résidence, qui est le lieu où une personne demeure habituellement, sans qu'elle puisse pour cela être considérée comme y ayant établi son domicile. — Le domicile est donc un fait abstrait, de pure création juridique, une abstraction purement intellectuelle, uniquement créée par la loi, et c'est ce que reconnaît l'article 102 lui-même, qui n'a pas pour objet de définir le domicile, de dire *ce* qu'il est, mais seulement d'indiquer le lieu *où* il se trouve, quant aux droits civils.

120. Ce rapport juridique, une fois fixé par la naissance ou par tout autre mode reconnu par la loi, se conserve par la seule intention et indépendamment du fait de résidence effective au lieu où le domicile est établi.

Mais, comme nous l'avons dit, pour les Alsaciens-Lorrains qui étaient, au moment de la séparation du territoire, domiciliés dans la province, cette intention ne suffit pas, car le lieu où leur domicile se trouvait a cessé d'être régi par la loi française ; il faut donc, non pas qu'ils établissent ni qu'ils élisent, mais qu'ils *transportent* leur domicile en France, qu'ils en *changent*.

121. Les règles de ce changement de domicile sont à rechercher uniquement dans la loi française, car il ne s'agit pas ici d'un point de droit international, mais d'une question de droit civil pur, intéressant la conservation de la nationalité française ; c'est donc d'après la loi française seule qu'il faudra apprécier si la formalité de translation du domicile, qu'exige l'article 2 du traité de paix, a été légalement remplie.

Sur ce point, l'article 103 du Code civil dispose : « Le changement de domicile s'opérera par le fait d'une *habitation réelle* dans un autre lieu, joint à l'intention d'y *fixer* son principal établissement. » Et l'article 104 ajoute : « La preuve de l'intention résultera d'une déclaration expresse faite tant à la municipalité du lieu qu'on quittera qu'à celle du lieu où on aura transféré son domicile. »

122. J'ai déjà rendu attentif à l'analogie, — on pourrait dire à l'identité qui existe entre la disposition de ce dernier article et les formalités prescrites par l'article 2 du traité de paix aux Alsaciens-Lorrains domiciliés dans la province.

Il est vrai que l'article 103, dans les mots que j'y ai soulignés, semble donner raison à l'interprétation allemande qui argumente des mêmes expressions insérées dans l'article 2 du traité de paix pour soutenir que sans résidence effective, il ne peut y avoir translation de domicile, ni par conséquent, option valable ; en d'autres termes que l'option entraîne forcément l'émigration des Français actuellement domiciliés en Alsace-Lorraine.

123. Mais, à cet égard, la doctrine et la jurisprudence françaises sont dès longtemps fixées et unanimes. — Dans trois cas seulement la loi française fait dépendre l'acquisition (l'établissement, le changement) de domicile d'une habitation réelle prolongée pendant un certain temps :

1° Le domicile politique ne s'acquiert que par six mois de résidence (Décr. 2 févr. 1852, art. 13). Une loi du 19 juin 1871 a déjà affranchi de ce stage les Alsaciens-Lorrains qui opteront pour la nationalité française.

2° Le domicile requis pour pouvoir contracter mariage dans une commune ne s'acquiert non plus que par une résidence de six mois dans cette commune. (C. civ. art. 74.) — Une proposition de loi avait été présentée à l'Assemblée nationale de Versailles pour réduire ce délai à un mois en faveur des Alsaciens-Lorrains. Mais cette proposition sur laquelle un rapport fut lu dans la séance du 11 décembre 1871, a été retirée par ses auteurs, par le motif que, d'après un système résultant de la combinaison des articles 74, 102, 165, et 167 du Code civil, et définitivement consacré par la jurisprudence, le mariage peut toujours être célébré dans la commune où l'une des parties a son domicile réel, lors même qu'elle n'y compte pas six mois de résidence, et que du moment où les publications légales ont eu lieu dans le dernier domicile où les futurs époux avaient demeuré au moins six mois, il peut être régulièrement procédé au mariage par-devant l'officier de l'état civil. (*Journal officiel* du 12 déc. 1871.)

3° Le domicile relatif aux secours publics exige un an de résidence dans la commune (loi du 24 vendém. an II, tit. V, art. 4). C'est là une disposition de police et d'assistance publique et non de droit civil : il n'y a donc pas lieu de s'y arrêter.

124. Hors ces trois cas, la loi française ne subordonne l'acquisition d'un domicile à aucune condition de résidence *d'une durée déterminée.* La doctrine et la jurisprudence en ont conclu qu'à moins de violer les textes et de suppléer arbitrairement au silence de la loi, aucune condition d'habitation réelle pendant un certain temps ne pouvait tenir en suspens l'établissement immédiat, instantané du domicile au lieu où l'on a manifesté l'intention de le transférer, en se conformant à l'article 104 du Code civil. Et ce point a été si bien reconnu par le législateur lui-même que dans la loi du 7 février 1851 il a supprimé toute condition de résidence, « pour éviter, a dit le rapporteur de la commission, les difficultés souvent délicates à résoudre que soulèvent les questions de résidence. » (Toullier, I, nº 372; Duranton, I, nº 357; Demolombe, I, nº 353; Aubry et Rau, § 144, note 1; Dalloz, *Répertoire*, vº *Domicile*, nº 29; Carré et Chauveau, Procéd. civ. I, quest. 354; Trib. de cassat., Req. régl. 28 flor. an X et 12 vendém. an XI; Cour de Limoges, 1er sept. 1813.)

125. On pourrait être tenté d'objecter, en ce qui concerne spécialement la question de l'option, que les articles 102 et 103 du Code civil placent le domicile au lieu du *principal établissement* et qu'en conséquence ce vœu de la loi ne serait pas rempli si l'optant conservait sur les territoires annexés le siége principal de ses affaires. Mais le législateur a uniquement entendu indiquer par là que légalement on ne pouvait avoir sur le territoire français plus d'un domicile général ou réel. Il suffit donc de faire remarquer qu'il s'agit, dans ces articles, du principal établissement sur territoire *français*, et que dès lors qu'on n'y a *qu'un seul* établissement, si peu important qu'il soit, cet établissement sera naturellement l'établissement *principal* sur l'étendue du territoire régi par la loi française, le domicile actuel en Alsace-Lorraine ayant cessé d'exister comme domicile *français*, et n'ayant plus, aux yeux de cette loi, que le caractère d'une simple résidence.

126. Tels sont les principes qui régissent le *domicile*, que, dans notre matière, on persiste à confondre avec la *résidence*. J'examinerai aux nos 156 et suiv., si le défaut de translation de *résidence* peut être légitimement considéré comme une cause de nullité de l'option, pour non accomplissement des conditions requises par l'article 2 du traité de paix.

VI

DÉLAIS DANS LESQUELS LES FORMALITÉS DOIVENT ÊTRE REMPLIES.

127. La double formalité de la déclaration d'intention et de la translation du domicile en France (toutes les fois que cette dernière est requise : voy. n° 116), doit, pour être valable et pour produire l'effet qui y est attaché de conserver à l'optant la nationalité française, être faite dans les délais suivants :

1° Jusqu'au 1er octobre 1872 :

Dans les pays situés *sur le continent européen*, sans distinguer entre l'Alsace-Lorraine, la France, l'Allemagne ou les autres pays européens. (Art. 2 du traité de paix.)

2° Jusqu'au 1er octobre 1873 :

« Pour les individus originaires des territoires cédés, qui résident *hors d'Europe.* » (Convent. addit., art. 1, al. 1), expression qui comprend, dans sa généralité, l'Algérie et les colonies françaises.

Il est évident qu'on ne serait pas admis à éluder le premier délai et à invoquer le second, en se rendant, par exemple, en Algérie après le 1er octobre prochain, pour y faire une déclaration qu'on n'eût plus été recevable à faire en Europe. D'après la lettre et l'esprit du 1er al. de l'art. 1er de la convention additionnelle, il semble que le second délai ne pourra profiter qu'à ceux qui résidaient déjà hors d'Europe à la date de la signature de cet acte. Dans certaines circonstances cette solution pourrait cependant être trop rigoureuse. Nous ignorons les mesures qui ont été ou qui seront prises à cet égard par les deux gouvernements.

128. Conformément aux règles communément admises en matière de computation de délais *francs*, comme ceux dont il s'agit ici, c'est-à-dire pendant toute la durée desquels on n'est point obligé de faire l'acte qu'il s'agit d'accomplir, le jour de l'échéance n'y est pas compris : *Dies termini* (ou *dies ad quem*) *non computatur in termino* (cpr. Code de proc. art. 1033), ce qui revient à dire que la déclaration d'option ne serait plus recevable le 1er octobre 1872, ou, selon le cas, le 1er octobre 1873, et qu'elle devra être en conséquence faite *au plus tard le* 30 *septembre*, de même que la déclaration de translation de domicile, que l'optant aura à faire, conformément à l'art. 104 du Code civil, à la municipalité du lieu où il voudra transférer ce domicile en France.

VII

EFFETS DE L'OPTION.

129. L'option faite dans les formes et dans les délais prescrits, par une personne à ce qualifiée, produit une double série d'effets, selon qu'on envisage la personne de l'optant ou ses biens et que l'on se place au point de vue de la nationalité française ou de la nationalité allemande.

§ 1. EFFETS DE L'OPTION QUANT A LA PERSONNE DE L'OPTANT.

130. A. *Au point de vue de la nationalité française*, l'option régulière a pour effet de consolider définitivement sur la tête de l'optant ou de la personne au nom de laquelle il a opté, la qualité de Français qui se trouvait en suspens, en vertu de la cession du territoire, depuis le 2 mars 1871 jusqu'au moment où les formalités ont été remplies.

La condition *suspensive* de laquelle cette qualité avait dépendu dans cet intervalle se trouve accomplie par le fait et du jour même de l'accomplissement des formalités requises.

Par application des principes qui régissent les conditions en général (cpr. C. civ. art. 1179), la qualité de Français est donc non pas restituée ni recouvrée par l'effet de l'option ; elle est réputée n'avoir jamais été perdue ni suspendue : On ne redevient pas Français ; on n'a jamais cessé de l'être.

L'option n'étant pas constitutive d'un droit nouveau mais simplement déclarative d'un droit préexistant, opère donc rétroactivement, dès l'instant où elle est parfaite, et quel que soit le moment où elle aura eu lieu dans les délais fixés. Au regard de la personne de l'optant, ainsi que des personnes en puissance pour lesquelles il aura opté, la cession du territoire à l'Allemagne est donc comme si elle n'était pas.

131. B. Réciproquement, *au point de vue de la nationalité allemande*, imposée par l'effet de la conquête à tout Français originaire d'Alsace-Lorraine, l'option équivaut à l'accomplissement de la condition *résolutoire* de cette nationalité. En conséquence, dès le moment où l'option sera devenue parfaite, les optants seront censés n'avoir jamais été Allemands un seul instant. Sous ce rapport, la première formule adoptée par le gouvernement allemand n'était donc pas exacte quand elle déclarait la qualité du sujet allemand perdue à partir seulement du jour de la déclaration d'option. Cette inexactitude a disparu dans la seconde rédaction actuellement en usage. (Voy. aux *Pièces annexes*. Cpr. n° 32.)

Au regard de la loi allemande, les optants deviennent donc rétroactivement des étrangers et se trouvent comme tels soumis à toutes les conséquences que la législation du pays attache en général à cette qualité, et à celles que le gouvernement allemand croira devoir faire spécialement supporter aux Alsaciens-Lorrains qui auront opté, sauf, bien entendu, la protection que la France pourra leur assurer, en leur qualité de nationaux, par voie diplomatique ou par les moyens consacrés par le droit international.

§ 2. EFFETS DE L'OPTION QUANT AUX BIENS DE L'OPTANT.

132. Les Alsaciens-Lorrains qui auront usé de la faculté d'option « seront libres de conserver leurs immeubles situés sur le territoire réuni à l'Allemagne. (Art. 2, al. 2 du traité de paix.) — Nous reviendrons sur cette disposition pour combattre le singulier argument qu'on a voulu en tirer quant à la prétendue obligation d'émigrer, qu'imposerait le traité à tout Alsacien-Lorrain qui aurait opté pour la nationalité française. (V. nº 162.)

Nous nous bornerons à dire ici que, conformément aux principes généraux (cpr. Code civ., art. 3, al. 2), ces immeubles continueront à être soumis à toutes les lois qui régissent ou qui régiront à l'avenir cette catégorie de biens en Alsace-Lorraine, ainsi qu'aux charges qui y sont ou seront imposées aux biens de cette nature.

133. D'après ces mêmes principes, communément reconnus comme règles de droit international privé par les législations de tous les pays, les meubles sont également régis par la loi du territoire sur lequel ils se trouvent, quand ils sont envisagés en eux-mêmes, — tandis qu'on leur appliquera la loi de la nation à laquelle leur propriétaire (l'optant) appartient, c'est-à-dire la loi française, en ce qui concerne leur transmission par succession ou acte de disposition, car ils sont alors considérés comme un accessoire de la personne de celui qui les possède.

134. Quant aux droits et actions que la loi assimile aux meubles et qui constituent ce qu'on appelle des meubles incorporels, le traité de paix et les actes postérieurs qui l'ont complété renferment, pour certains d'entre eux, des dispositions spéciales ayant pour objet de sauvegarder les intérêts privés et individuels. Mais comme ces dispositions ont été surtout stipulées par la Prusse, au profit des Alsaciens-Lorrains qui accepteront la nationalité allemande, nous en renvoyons l'énumération au chapitre suivant (n° 149).

135. Une de ces stipulations, concernant les charges ministérielles et offices de judicature, doit cependant nous occuper dès à présent.

L'art. IV du protocole de clôture des conférences de Francfort dispose à cet égard : « La loi (allemande) du 14 juillet 1871 sur la réorganisation judiciaire de l'Alsace-Lorraine ayant, par son article 18, consacré le *principe* d'un dédommagement au profit des titulaires des offices dits ministériels, *en cas* d'abolition du régime de vénalité sous lequel ils étaient placés ; les plénipotentiaires allemands déclarent que leur gouvernement est prêt à étudier les mesures propres à étendre le même principe d'indemnité aux titulaires de charges vénales n'ayant pas le caractère d'offices de judicature, dont la transmission à titre onéreux viendrait à être légalement prohibée.

« *Dans le cas où* une indemnité serait accordée, celle-ci sera attribuée aux titulaires, *sans distinction de nationalité*, et restera de même acquise à leurs veuves et orphelins. »

Le texte allemand de ce second alinéa est ainsi conçu : « *In den Fællen wo* eine Entschædigung bewilligt wird, soll dieselbe *ohne Unterschied der Nationalitæt* der Stelleninhaber gewæhrt und auch den Wittwen oder Waisen der Berechtigten zugestanden werden. »

136. Relevons ici en passant une grave erreur de traduction, qui témoigne d'une certaine négligence dans le collationnement des deux rédactions et qui fait dire au texte français de ce dernier alinéa tout autre chose que ne dit le texte allemand. « In den Fællen wo... » ne signifie pas « dans *le* cas où, » c'est-à-dire *dans l'hypothèse où, en supposant, en admettant que...*, mais bien dans *les* cas où, *toutes les fois que*, ce qui est bien différent. (Cpr. nº 11-1º, à la note.)

137. Voici la traduction de l'art. 18 de la loi du 14 juillet 1871, visé par l'art. IV du protocole de clôture :

« Le chancelier de l'empire est autorisé à retirer aux titulaires les charges vénales du service judiciaire. Ils seront indemnisés par le trésor public, *en conformité des principes en vertu desquels ces charges ont été vendues, et sur la base de l'état de choses existant avant le 1er juillet* 1870. — La fixation de l'indemnité a lieu par des commissions composées d'un juge, d'un fonctionnaire de l'administration de l'enregistrement et d'une troisième personne désignée par la chambre des avoués, des notaires ou des huissiers, ou par tous les greffiers du ressort du tribunal ordinaire, selon qu'il s'agit de l'emploi d'un avoué, d'un notaire, d'un huissier ou d'un greffier. »

On a vu que l'art. IV du protocole de clôture a étendu le principe de l'indemnité à toutes autres « charges vénales n'ayant pas le caractère d'offices de judicature, » ce qui comprend les charges d'agents de change et de commissaires-priseurs, mais non celles de courtiers de marchandises, qui ont cessé d'être vénales depuis la loi du 18 juillet 1866.

138. Le Parlement allemand sera, assure-t-on, saisi prochainement d'un projet de loi qui réglera le mode et le taux de rachat des charges vénales existant actuellement en Alsace-Lorraine. Dès à présent, il importe de remarquer le passage que nous avons souligné dans l'article 18 de la loi du 14 juillet 1871. L'indemnisation ne doit avoir lieu, d'après cet article, *qu'en conformité du principe en vertu duquel ces charges ont été vendues*. Or, ce principe, établi par l'article 91 de la loi des finances du 28 avril 1816, n'a pas créé un droit de propriété véritable mais uniquement le droit de *présenter un successeur* à l'agrément du gouvernement.

Aussi, la situation serait-elle celle-ci, si les renseignements, non officiels il est vrai, publiés sur les intentions du gouvernement allemand sont exacts :

1° Le titulaire qui continuera ses fonctions (et qui,

par conséquent, *n'optera pas* pour la nationalité française) sera indemnisé sur la base de l'état de choses existant avant le 1er juillet 1870, parce qu'il ne pourra plus ultérieurement présenter de successeur.

2° Le titulaire *qui optera pour la nationalité française* use d'un droit que lui assure le traité de paix : c'est donc une cause légale de démission (cette démission résultant implicitement du défaut de nationalité allemande). Il aura en conséquence le droit de *présenter un successeur*, auquel la charge sera plus tard rachetée aux frais du Trésor public.

3° Le titulaire qui, *sans opter*, n'aura pas continué ses fonctions ni présenté de successeur, n'aura droit à rien : il est déchu pour refus de service sans cause légale.

4° Enfin, le titulaire *qui optera*, mais sans présenter de successeur, est censé renoncer à ce droit, et par conséquent à toute indemnité.

139. Ces indications, nous le répétons, n'ont aucun caractère officiel et ce n'est que sous les plus expresses réserves que nous les reproduisons. Il résulterait de l'application de ce système que l'indemnité, reconnue en principe, pourrait être très-compromise et très-incertaine en fait, pour des titulaires qui voudront user de de la faculté d'opter pour la nationalité française. Ils sont en effet tenus, pour conserver leur expectative à l'indemnité, de continuer à fonctionner jusqu'après payement, si mieux ils n'aiment présenter un successeur. Or, dès l'instant où ils auront déclaré leur intention de rester Français, ils seront devenus incapables de continuer à remplir leurs fonctions sur territoire allemand, et tout annonce que le délai d'option sera dès longtemps expiré avant même que l'évaluation des charges, préalable à la détermination du taux de l'indemnité, ne soit faite. — Quant au droit de présentation, qui devrait en tout cas être exercé avant l'acte d'option, il sera souvent illusoire dans l'état d'incertitude qui règne sur toute cette question et qui n'est guère favorable à la passation de contrats ayant pour objet la transmission d'offices.

140. En ce qui concerne l'indemnité promise par le gouvernement allemand pour dégâts immobiliers et mobiliers causés par la guerre aux propriétés privées en Alsace-Lorraine, l'administration distingue :

Les pertes et dommages *immobiliers* seront intégralement couverts, sans distinction de la nationalité du propriétaire, sous la condition expresse de reconstruction ou de réparation de l'immeuble détruit ou endommagé, et au fur et à mesure seulement des progrès de cette reconstruction ou de cette réfection.

141. Il en est autrement des dommages *mobiliers*. Les parts d'indemnité déjà distribuées resteront acquises, mais le solde n'en sera payé, après le 1er octobre, qu'à ceux des ayants droit qui n'auront pas usé de la faculté d'opter pour la nationalité française; les cessions de créances de cette nature ne seront pas reconnues par le gouvernement.

L'administration invoque, à l'appui de cette décision, une disposition de la loi allemande du 14 juin 1871 sur les indemnités de guerre, aux termes de laquelle ces indemnités ne sont dues, pour pertes *mobilières*,

« qu'autant que l'ayant droit avait son domicile en Allemagne au moment de la promulgation de la loi, et, *s'il n'est pas sujet allemand*, au cas seulement où le gouvernement de son pays aurait admis la réciprocité. »

Cette réciprocité, allègue-t-on, n'étant pas accordée par la France, les individus qui opteront pour la nationalité française perdront par là même tout droit aux deux derniers cinquièmes de l'indemnité à laquelle ont été évaluées les pertes mobilières éprouvées par eux pendant la guerre et spécialement par suite du bombardement de Strasbourg.

VIII

CONSÉQUENCES DU DÉFAUT D'OPTION OU D'UNE OPTION IMPARFAITE.

§ 1. Défaut d'option.

142. Tout Français originaire d'Alsace-Lorraine, qui n'aura pas rempli, dans les délais voulus, les formalités moyennant l'accomplissement desquelles la conservation de cette qualité lui est assurée, perdra rétroactivement et de plein droit la nationalité française et sera réputé Allemand à partir du 2 mars 1871, pour cause de non-événement de la condition qui seule lui eût permis d'échapper, quant à sa personne, aux conséquences de la dénationalisation du territoire.

143. *Au point de vue allemand*, il aura donc définitivement la qualité de sujet allemand, que la conquête du territoire lui avait déjà attribuée, sous condition résolutoire, depuis le 2 mars 1871, et sera soumis comme tel, quant à sa personne et quant à ses biens, aux lois et règlements en vigueur en Allemagne ou spéciaux à l'Alsace-Lorraine.

D'une circulaire adressée, dans le courant du mois d'avril dernier, aux représentants de l'Allemagne à l'étranger, il résulte qu'il devra, pour le règlement des conditions de son nouvel indigénat, c'est-à-dire pour l'obtention des documents qui en justifient, s'adresser soit aux autorités allemandes à Strasbourg ou à Metz, soit, s'il réside hors d'Allemagne, aux consulats auxquels il ressortit.

144. *Au point de vue français*, le défaut d'option a pour conséquence de faire perdre rétroactivement, à partir de la date de la cession du territoire, la nationalité française avec tous les avantages et prérogatives que la loi française y attache. En d'autres termes, le Français originaire d'Alsace-Lorraine qui n'aura pas opté pour la nationalité française demeure de plein droit étranger (Allemand), lors même qu'il continuerait à résider en France, où il ne pourra plus avoir d'ailleurs, dans la rigueur du droit, de domicile proprement dit, qu'autant qu'il y aura été expressément admis par le gouvernement français, conformément à l'article 13 du Code civil. (Cpr. Demolombe, I, 268; Aubry et Rau, § 78, note 22.)

145. Comme étranger, il se trouvera frappé de toutes les incapacités qui découlent de cette qualité d'après la loi française. Tant qu'il n'aura pas été réintégré dans sa qualité de Français, il ne pourra plus prendre aucune part en France à l'administration de la chose publique. Il ne pourra en général demeurer investi, comme fonctionnaire ou agent public, ni comme représentant d'un département, d'un arrondissement, d'un canton ou d'une commune, d'aucune fraction du pouvoir législatif, administratif ou judiciaire, ni contribuer par l'élection à la nomination de pareils agents.

Son nom devra être rayé des listes électorales ainsi que des contrôles de l'armée française de terre ou de mer. (Cpr. l'Appendice.)

D'un autre côté, il perd la capacité d'être avocat, officier ministériel, juré, prudhomme , témoin aux actes notariés, ministre d'un culte reconnu par l'Etat, membre de l'enseignement public, sauf, pour ces dernières fonctions, les exceptions autorisées par les règlements universitaires.

146. Quant aux droits civils, le défaut d'option placera les ci-devant Français nés en Alsace-Lorraine, sous la règle de réciprocité de l'article 11 du Code civil, aux termes duquel l'étranger ne jouit en France que des droits civils qui sont ou seront accordés aux Français par les traités de la nation à laquelle cet étranger appartient, — à moins qu'ils ne se soient fait expressément admettre à jouir des droits civils, par application de l'article 13 du même Code.

Ils perdront la capacité d'être tuteurs ou curateurs en France ou d'y faire partie d'un conseil de famille, et ne pourront conserver celle de ces charges dont ils seraient actuellement investis à l'égard d'un Français. Ils ne pourront ni adopter un Français, ni être adoptés par lui.

Dans le cas de partage d'une même succession ouverte en France entre des cohéritiers alsaciens-lorrains qui n'auront pas opté et des Français qui auront conservé cette qualité, ceux-ci prélèveront, par application de l'article 2 de la loi du 14 juillet 1819, sur les biens situés en France une portion égale à la valeur des biens situés en pays étranger (en Alsace-Lorraine ou ailleurs) dont ils seraient exclus, à quelque titre que ce soit, en vertu des lois et coutumes locales en vigueur en Allemagne.

147. En matière judiciaire, le défaut d'option aura pour conséquence d'obliger, en toutes matières autres que celles de commerce, l'Alsacien-Lorrain qui sera demandeur devant un tribunal français « de donner caution pour le payement des frais et dommages-intérêts résultant du procès (*cautio judicatum solvi*), à moins qu'il ne possède en France des immeubles d'une valeur suffisante pour assurer ce payement. » (C. civ. art. 16; Code de proc. art. 166.)

La contrainte par corps a été abolie en France, même à l'égard des étrangers, en matière civile et commerciale, par la loi du 22 juillet 1867. Dès lors les dispositions de loi (C. civ. art. 1270, cpr. C. proc. art. 905) qui refusaient aux étrangers le bénéfice de la cession de biens judiciaire, et qui, avant cette loi, auraient pu être opposées aux Alsaciens-Lorrains devenus Allemands, sont aujourd'hui sans objet.

148. Je viens de résumer sommairement les principales conséquences juridiques que le défaut d'option devra entraîner d'après la loi française, si l'on s'attache à la rigueur des principes. Sans doute, la pratique pourra admettre des tempéraments à cette rigueur, et il pourra même arriver qu'un Alsacien-Lorrain, qui n'aura pas opté, continue à se gérer en France comme Français. Mais toute personne intéressée sera toujours admise à lui contester cette qualité, qui, en vertu des

traités, ne lui appartient plus, et à lui faire encourir toutes les conséquences auxquelles l'expose, particulièrement en matière civile, sa nationalité étrangère.

149. Mais si tels doivent être, d'après les règles de droit commun en vigueur en France, les effets du défaut d'option, il est d'autre part certains droits que le changement de nationalité aurait fait perdre ou pu compromettre et qui ont été formellement sauvegardés, par des stipulations expresses des actes de cession du territoire, dans l'intérêt des Alsaciens-Lorrains qui auront accepté la nationalité allemande.

Ces dispositions des traités ne rentrant qu'indirectement dans notre matière, il suffira d'en donner une rapide énumération :

1° *Pensions de retraite.* Le gouvernement allemand s'est chargé du payement des pensions *civiles* et *ecclésiastiques* acquises ou liquidées au 2 mars 1871, toutes les fois que leurs titulaires auront accepté la nationalité allemande et conserveront leur domicile sur le territoire allemand. — Il n'en sera de même que pour celles des pensions *militaires* régulièrement acquises ou liquidées au 19 juillet 1870 : nous reviendrons sur ce dernier point. (Convent. addit. du 11 déc. 1871, art. 2; cpr. art. 2 du protocole de signature.) — Par la même disposition, le gouvernement allemand s'est engagé à tenir compte des droits antérieurement acquis au service de la France.

Quant aux pensionnaires qui auront opté pour la nationalité française et qui seraient néanmoins admis à continuer à résider en Alsace-Lorraine, la France fera *sans doute* en leur faveur une exception au principe qui veut que le revenu des pensions se consomme sur le territoire qui les paye, et continuera à leur en payer les arrérages, par l'intermédiaire de la Banque de l'Alsace et de la Lorraine, qui a son siége à Strasbourg. (Cpr. p. 145.)

150. 2° *Cautionnements et consignations judiciaires.* Les stipulations intervenues pour remboursement des sommes versées à ce titre dans le Trésor français par des Alsaciens-Lorrains qui accepteront la nationalité allemande sont contenues dans l'article 4, §§ 3 et 4 du traité de paix du 10 mai 1871, dans l'article 11, al. 1er de la convention additionnelle et dans l'article VII du protocole de clôture.

3° *Caisses de secours et de prévoyance.* L'article III du protocole de clôture stipule la liquidation de celles de ces caisses dont un ou plusieurs membres participants auraient opté pour la nationalité française. Cette stipulation comprend les caisses de retraite, de prévoyance, de secours mutuels, tontines et autres associations du même genre, caisses des retraites pour la vieillesse, et caisses de secours des ouvriers en tabac, de Strasbourg, Schlestadt et Benfeld.

151. 4° *Brevets d'invention pris en France.* Voyez à cet égard l'article 10 de la convention additionnelle et l'article V du protocole de clôture.

5° *Propriété littéraire et artistique.* La convention franco-bavaroise du 24 mars 1865 a été provisoirement étendue à l'Alsace-Lorraine, par l'article 18, al. 4 de la convention additionnelle, pour régler en cette matière les rapports entre la France et les territoires cédés.

152. La qualité de Français, définitivement perdue par suite de défaut d'option ne pourra, dans l'état actuel de la législation française, être, en général, recouvrée que par naturalisation et ne recommencera, en conséquence, à produire d'effets que du jour où cette naturalisation sera acquise.

L'article 18 du Code civil qui dispose que « le Français qui aura perdu sa qualité de Français pourra toujours la recouvrer en rentrant en France avec l'autorisation du gouvernement et en déclarant qu'il veut s'y fixer et qu'il renonce à toute distinction contraire à la loi française, » ne peut pas être invoqué ici, car cet article n'est applicable qu'au Français qui aurait perdu sa qualité par naturalisation en pays étranger, par acceptation non autorisée de fonctions publiques étrangères ou par établissement fait à l'étranger sans esprit de retour (art. 17). La loi française n'a pas prévu et ne pouvait prévoir la perte de nationalité par démembrement du territoire.

Aussi fallut-il en 1814, dans des circonstances analogues à celles d'aujourd'hui, une loi spéciale (Loi du 14 oct. 1814) pour restituer leur nationalité à des ci-devant Français qui l'avaient perdue par la séparation des provinces incorporées au territoire depuis 1791.

Il est probable qu'il interviendra ultérieurement une loi semblable en faveur des Alsaciens-Lorrains qui, par une cause quelconque, n'auront pas usé en temps utile du bénéfice de l'option. Mais, à la différence de l'option, cette loi ne pourra avoir d'effet rétroactif, et l'on ne sera, selon toute apparence, admis à s'en prévaloir que pour l'exercice des droits ouverts après qu'on aura été admis à en bénéficier.

153. Nous devons au surplus signaler ici les germes d'un conflit possible entre les dispositions que le législateur français serait appelé à prendre et la législation allemande actuellement en vigueur, même en Alsace-Lorraine.

D'après la loi du 1er juin 1870, la nationalité allemande, imposée à tous les ci-devant Français originaires d'Alsace-Lorraine qui n'auront pas opté, ne peut se perdre indirectement (c'est-à-dire sans un acte formel de l'autorité), que par un séjour de *dix années continues* en pays étranger (art. 13, nº 3 et art. 21). Ce n'est qu'exceptionnellement que cette période *peut* être réduite à *cinq ans* si l'émigré a acquis dans l'intervalle une nationalité nouvelle à l'étranger. (Art. 20, al. 3.)

L'émigration de *fait*, en supposant qu'il n'y puisse pas être mis obstacle, ne ferait donc pas cesser la qualité de sujet allemand, lors même que la nationalité française aurait été recouvrée, à la différence de l'émigration de *droit* constatée par un *exeat* (*Entlassung*). (Art. 13, nº 1; 14 à 19 de la loi citée. — Cpr. nºs 80 et 188.)

154. J'ai déjà dit (nº 90) que la femme devenue veuve après l'expiration du délai d'option, et sans que son mari ait rempli les formalités nécessaires à la conservation de la nationalité française, me paraît devoir être admise à invoquer le bénéfice de l'article 19, al. 2 du Code civil, dont la généralité des termes autorise cette extension à une situation que le législateur n'avait d'ailleurs pu prévoir.

Quant aux enfants mineurs devenus étrangers avec leur père, par défaut d'option de celui-ci, ils devront, de leur côté, être admis à user, dans l'année qui suivra l'époque de leur majorité, du bénéfice du 2e alinéa de l'article 10 du Code civil. C'est, de toutes les dispositions analogues (art. 9; Loi du 22 mars 1849; Loi du 7 février 1851), la seule qui nous semble s'appliquer à la situation que leur aura faite la conquête du territoire sur lequel ils sont nés.

§ 2. Option imparfaite.

155. Il faut assimiler au défaut d'option :

1° L'*option tardive*, c'est-à-dire postérieure au 30 septembre 1872, pour les Alsaciens-Lorrains résidant sur le continent européen, ou au 30 septembre 1873, pour ceux résidant hors d'Europe (n° 128);

2° *L'option faite sans qualité* ou *reçue par un fonctionnaire qui n'était pas qualifié pour recevoir cette déclaration ;*

3° *La simple translation de fait du domicile en France* (émigration) *sans déclaration expresse de l'intention de conserver la nationalité française.* Le gouvernement français s'étant engagé à notifier au gouvernement allemand, par périodes trimestrielles, les listes nominatives des déclarations qui seront reçues par les agents français, l'Allemagne se trouvera en mesure d'établir, —

à l'aide de ces listes et de ses propres registres (pour les déclarations reçues dans la province même), rapprochés des actes de l'état civil, — un relevé exact des Alsaciens-Lorrains qui auront fait la déclaration requise, et de ceux qui, ne l'ayant pas faite, seront définitivement devenus Allemands. Il n'est donc pas possible d'échapper par le silence à la nationalité allemande, réussît-on même à continuer à se gérer comme Français. (Cpr. nos 148 et 153.)

4o A l'inverse, *une déclaration d'option, faite en Alsace-Lorraine; sans translation effective du domicile en France.*

156. J'arrive ici à la partie la plus pratique de mon sujet, celle qui, avec la question du droit d'option des mineurs, a le plus agité les populations et celle qui a été aussi, selon moi, le plus obscurcie et le plus embrouillée par des confusions involontaires ou non.

Cette question de savoir ce que les plénipotentiaires ont voulu entendre par *transport du domicile en France* est d'ailleurs de la plus haute gravité, car selon la solution qui y sera donnée, la faculté accordée aux Alsaciens-Lorrains par l'article 2 du traité de paix pourra être une réalité ou ne deviendra, dans bien des cas, qu'une fiction.

On ne saurait donc apporter trop de soin à rechercher et à bien dégager la véritable intention des négociateurs, sans se laisser troubler, dans cette discussion toute juridique, par les diverses interprétations qu'on a données à leur pensée.

157. Cette question a surtout pris de l'importance

dans le public, à la suite d'un arrêt de la Cour d'assises de Metz qui, jugeant en matière de constitution du jury, a décidé, dans la première quinzaine du mois de mars, que, « l'option était sans signification aussi longtemps qu'une translation de domicile n'avait pas eu lieu. » (« *Dass die Option, so lange eine Verlegung des Domicils nicht stattgefunden hat, ohne Bedeutung ist.* »)

Le 22 du même mois, une circulaire adressée aux directeurs de cercle par le président du district de la Haute-Alsace se prononça dans le même sens :

« Les personnes nées et domiciliées en Alsace, était-il dit dans cette circulaire, sont tenues, outre l'option expresse pour la nationalité française, de transporter réellement leur domicile en France. Jusque-là elles resteront Alsaciennes, malgré l'option. » (« *In Elsass geborene und domizirlite Personen müssen, ausser der ausdrücklichen Option für die franzœsische Nationalitæt, auch thatsæchlich ihren Wohnsitz nach Frankreich verlegen. Bis dahin bleiben dieselben Elsæsser, der Option ungeachtet.* »)

158. Si la Cour d'assises de Metz et le préfet de Colmar ont entendu dire par là qu'il ne suffisait pas de se présenter devant le *Kreisdirector* et de lui déclarer son intention de rester Français, pour que cette nationalité fût conservée au déclarant, rien de plus exact. L'option, nous l'avons dit, n'est pas une forme de plébiscite : elle n'a d'effet que si *toutes* les conditions prescrites par le traité de paix ont été remplies.

Mais s'il faut interpréter leurs décisions en ce sens qu'il n'y a pas d'option valable s'il n'y a pas eu, en temps utile, translation effective de *résidence* en France, ainsi que l'ont soutenu les journaux allemands de la province, qui se sont empressés de traduire *Wohnsitz* ou *Domizil verlegen* (transporter le domicile) par *wirklich auswandern* (émigrer effectivement), cette interprétation du texte du traité serait d'autant plus difficile à justifier en droit que la langue juridique allemande distingue, aussi nettement que la langue française, le domicile (*Wohnsitz, Domizil*), de la résidence (*Aufenthalt*). Or, il n'est pas inutile de remarquer que, dans les décisions rappelées au numéro précédent, la première de ces expressions est seule employée, conformément à l'art. 2 du traité de paix lui-même.

159. On ne saurait trop insister. S'il ne s'agissait, de la part de l'Allemagne, que de revendiquer le droit d'expulser les optants qui seront restés dans la province après le 1er octobre, on serait mal fondé à le lui dénier. Tous ceux qui auront rempli, à cette date, les formalités requises par le traité pour la conservation de la nationalité française, ne pourront pas ignorer qu'ils sont devenus étrangers en Allemagne et qu'à ce titre leur présence sur territoire allemand n'est que *tolérée*, qu'ils s'y trouveront donc dans une position éminemment incertaine et instable.

Mais la question devient beaucoup plus grave si, comme la presse officieuse l'a fait pressentir, la continuation de la *résidence* après le 1er octobre, sur les territoires cédés, devait équivaloir à nullité, à non existence de l'option et à une acceptation implicite de la nationalité allemande. Il n'y aurait pas, dans ce cas, danger d'expulsion : au contraire; mais, le moment venu, l'optant, ainsi que toutes les personnes sous sa puissance, seraient réputés sujets allemands; le gouvernement tiendrait donc pour non avenues un grand nombre d'options dont il ne serait plus possible de réparer le vice. — Cela se justifierait-il en droit? Y aurait-il véritablement, par le fait de non-émigration, non-existence de l'option? Examinons.

160. Nous avons dit (nos 121 et suiv.) en quoi consistait, d'après la loi française, seule applicable ici, la translation de domicile, et pourquoi l'accomplissement de cette formalité, requise par l'art. 2 du traité de paix, s'imposait, même de droit commun, aux Alsaciens-Lorrains domiciliés dans la province, et auxquels la conquête a fait perdre leur domicile sur territoire *français*.

L'Allemagne a incontestablement le droit d'exiger la preuve de l'accomplissement de cette formalité, toutes les fois que cette preuve ne résultera pas de la translation de la *résidence* elle-même, car s'il n'y avait pas eu translation de *domicile*, une des conditions dont dépend la conservation de la qualité de Français serait défaillie; la nationalité allemande imposée par la conquête continuerait dès lors à subsister de plein droit.

Mais si cette preuve est faite, dans les formes que nous indiquerons plus loin (no 173), la nationalité française est définitivement conservée, car l'art. 2 du traité de paix aura reçu entière satisfaction; l'optant pourra bien être expulsé comme étranger, mais son option ne devra pas être tenue pour non avenue pour l'unique motif qu'il n'aurait pas changé de *résidence*.

161. Si, en effet, la résidence était une condition absolue de l'existence du domicile, il n'y aurait plus de Français qui pût aller s'établir à l'étranger, et la disposition du 3e alinéa de l'art. 17 du Code civil serait bien inutile, qui dit que la qualité de Français se perd « par tout établissement fait en pays étranger, sans esprit de retour, » mais qui ajoute aussitôt : « des établissements de commerce ne pourront jamais être considérés comme ayant été faits sans esprit de retour. »

Et, pour nous en tenir plus spécialement à notre matière, il faudrait aller jusqu'à dire que les Alsaciens-Lorrains résidant actuellement à l'étranger devraient être également tenus de rentrer en France et d'y rester pour conserver leur nationalité : on créerait ainsi une catégorie de Français internés à vie sur le territoire.

162. Pour soutenir que l'option implique obligation d'émigrer, on a récemment voulu tirer un argument, assurément bien inattendu, de la disposition du dernier alinéa de l'art. 2 du traité de paix, dont voici les termes :

« Ils (les sujets français originaires et domiciliés) seront libres de conserver leurs immeubles situés sur le territoire réuni à l'Allemagne. »

S'il n'avait pas été, a-t-on dit, dans les intentions des négociateurs d'imposer aux optants l'obligation de quitter de leurs personnes le territoire, pourquoi cette clause ? Elle devenait *bien inutile!* — L'objection serait péremptoire s'il existait le moindre texte de loi qui interdît aux étrangers en général ou aux Français en particulier d'être propriétaires d'immeubles sur le territoire allemand. Mais comme pareille interdiction ne se trouve pas dans la législation allemande, l'argument auquel je réponds se retourne contre ses auteurs, car il était *bien inutile* de stipuler une faculté qui appartient de droit commun à tous les étrangers. Loin donc d'impliquer l'obligation d'émigrer, la disposition du dernier alinéa de l'art. 2 du traité devient ainsi la reconnaissance la plus formelle du droit à résidence.

Au surplus, cette disposition a été littéralement copiée, comme tout l'article 2, ainsi que nous le verrons bientôt, sur l'article 6 du traité du 24 mars 1860, relatif à la cession de la Savoie et de Nice à la France. Or, nous ne sachions pas que la France ait expulsé comme tels, et moins encore qu'elle ait déclaré Français pour défaut d'émigration, les sujets sardes ou niçois qui, après avoir manifesté l'intention de conserver leur nationalité, ont continué à résider sur les territoires cédés à la France.

163. Est-il besoin, après cette démonstration basée sur le texte même du traité, de citer encore ce passage du rapport présenté le 6 janvier 1872 à l'Assemblée nationale de Versailles, appelée à donner son approbation à la convention additionnelle du 11 décembre 1871? « Quelques personnes, a dit M. d'Harcourt, rapporteur de la commission, ont exprimé la crainte que les individus qui opteraient pour la nationalité française, et transporteraient leur domicile en France, n'éprouvassent ensuite des difficultés pour rentrer

ns les provinces cédées, ou du moins ne fussent assu-
:ties à certains délais. Nous croyons pouvoir les ssurer à cet égard, car les plénipotentiaires allemands t affirmé que ces individus seraient libres d'entrer r le territoire allemand et de s'y fixer au même titre ıe tout autre étranger. » — Cette déclaration, dont :n n'autorise à suspecter la bonne foi et la sincérité, t catégorique, semble-t-il.

164. Néanmoins on est allé, dans ces derniers temps, core beaucoup plus loin dans le sens du système ntraire, en soutenant, — comme si cette conséquence sultait, d'une manière quelconque, des actes signés :t à Versailles soit à Francfort, — que les Français n *originaires* d'Alsace-Lorraine, mais actuellement miciliés dans la province étaient bien dispensés de bligation de faire une déclaration pour conserver ır nationalité, mais qu'ils perdraient celle-ci et *de-ndraient Allemands* s'ils ne quittaient pas le territoire ınt le 1er octobre.

165. La réfutation de ce système, en contradition rmelle avec les textes les plus précis, est, en vérité, ɪp facile. Je ne rappellerai que pour mémoire l'in-rprétation qui a été officiellement donnée au mot *'ginaires* et d'après laquelle cette expression ne mprend que les Français *nés* sur les territoires cédés, qui exclue tous les autres (no 33); je ne citerai non ıs que pour montrer le peu d'autorité que méritent journalistes qui imaginent de semblables théories, rt. 12 de la loi allemande du 1er juin 1870, actuelle-ɜnt en vigueur dans tout l'empire, et qui déclare que

« le domicile sur le territoire allemand ne confère pas par lui seul la nationalité. » (« *Der Wohnsitz innerhalb eines Bundesstaates begründet für sich allein die Staatsangehœrigkeit nicht.* »)

166. Aussi bien, n'est-ce pas sur le terrain des textes qn'on se place : on en appelle aux principes généraux du droit et, subsidiairement, à l'opinion émise par des jurisconsultes français.

On a notamment cité deux passages du traité de M. Demolombe (I, nos 157 et 178-2°) ; on aurait pu encore citer Pothier et la plupart de nos anciens auteurs, et remonter ainsi jusqu'à la loi romaine, sous l'empire de laquelle le corrélatif de la conquête était l'esclavage des *habitants* du pays conquis, sans distinction d'origine.

Ceux qui, — non sans une certaine satisfaction de leur découverte, car ils y sont revenus à plusieurs reprises, — ont demandé à l'un des interprètes les plus considérables du droit français moderne, un argument en faveur de leur thèse, se sont gardés de dire que, dans ces passages, M. Demolombe, — discutant, en pure théorie et par hypothèse, le système consacré par la loi du 14 octobre 1814, très-semblable, comme on sait, à celui qui a prévalu en 1871 à Francfort n° 16, — soutient que, *d'après les principes,* l'effet de la séparation devait s'appliquer, contrairement au système de cette loi, à tous ceux qui étaient domiciliés sur le territoire, mais qu'il « ne s'appliquait *qu'à ceux-là.* »

Nous sommes en complet accord avec l'auteur et, nous l'avons déjà dit, c'est son système, — c'est-à-dire le seul système rationnel, car seul il a les principes pour base, — que les négociateurs français se sont efforcés de faire prévaloir, mais en vain (nos 13 et sv.). Je cherche donc où est l'appui qu'on a prétendu trouver dans l'opinion très-juridique émise par M. Demolombe, et je ne vois d'excuse aux citations tronquées des passages qu'on lui a empruntés, que l'intelligence insuffisante que ceux qui les ont faites ont de la langue française.

167. Si les actes signés à Francfort n'avaient contenu aucune disposition sur la question spéciale qui nous occupe, c'est bien évidemment à ces principes généraux, dont M. Demolombe s'est fait le défenseur, qu'il eût fallu recourir pour régler la matière. Mais dès l'instant où les négociateurs, répudiant ces *principes*, y ont substitué un *système*, c'est à ce système qu'il faut exclusivement s'attacher, sans en rien retrancher, mais sans y rien suppléer non plus (no 19.) — Malgré les instances de la France, on a rejeté le fait du domicile comme criterium et comme guide; il serait singulier qu'on y recourût maintenant, pour faire produire au traité des conséquences que ni sa lettre ni son esprit ne comportent.

Il devrait suffire de faire remarquer que, si la thèse que nous combattons avait le moindre fondement, les Français non originaires auraient donc été placés, quant à la conservation de leur nationalité, dans une situation pire que les Alsaciens-Lorrains eux-mêmes, car ceux-ci ont été prévenus par le texte du traité qu'ils avaient des formalités à remplir, et ne peuvent prétexter d'ignorance, tandis que ceux-là perdraient leur nationalité par le seul fait de rester où ils sont, comme le fera tout autre étranger résidant dans la province et auquel, dans le silence des traités, il doit être entièrement assimilé.

168. Mais il y a mieux. Je veux démontrer que jamais plénipotentiaires n'ont plus nettement exprimé leur pensée et leurs intentions que ne l'ont fait les négociateurs de Francfort, pour le point que nous discutons.

Cette démonstration résulte d'un simple rapprochement de textes, qui renverse et réduit à néant, sans réplique possible, tout le système que je combats.

L'article 2 du traité de Francfort n'est pas aussi nouveau qu'on le croit généralement. Il n'est au contraire que la reproduction *à peu près* littérale de l'article 6 du traité du 24 mars 1860, intervenu entre la France et la Sardaigne à l'occasion de la cession de la Savoie et du comté de Nice. Nous plaçons ici en regard l'un et l'autre article :

TRAITÉ DU 24 MARS 1860.	TRAITÉ DU 10 MAI 1871.
« Art. 6. Les sujets sardes originaires de la Savoie et de l'arrondissement de Nice,	« Art. 2. Les sujets français originaires des territoires cédés,
Ou domiciliés actuellement dans ces provinces, qui entendront conserver la nationalité sarde, jouiront pendant l'espace d'un an	domiciliés actuellement sur ce territoire, qui entendront conserver la nationalité française, jouiront jusqu'au 1er ocobre 1872,

à partir de l'échange des ratifications, et moyennant une déclaration préalable faite à l'autorité compétente, de la faculté de transporter leur domicile en Italie et de s'y fixer,	et moyennant une déclaration préalable faite à l'autorité compétente, de la faculté de transporter leur domicile en France et de s'y fixer,
	sans que ce droit puisse être altéré par les lois sur le service militaire,
auquel cas la qualité de citoyen sarde leur sera maintenue.	auquel cas la qualité de citoyen français leur sera maintenue.
« Ils seront libres de conserver les immeubles situés sur les territoires réunis à la France. »	« Ils seront libres de conserver les immeubles situés sur le territoire réuni à l'Allemagne (1). »

169. L'analogie, que dis-je? l'identité de ces deux rédactions est-elle assez frappante? Bien évidemment, les auteurs du traité de 1871 ont eu celui de 1860 sous les yeux et se sont bornés ici à le copier. Non, pourtant! Ils y ont fait une addition et une suppression. L'addition était nécessaire, à raison de l'obligation générale du service militaire qui existe en Allemagne, à la différence de l'Italie et de la France. — Mais la suppression du mot *ou*, dans le second membre de phrase du premier alinéa, était-elle nécessaire aussi, et les négociateurs n'ont-ils pas manifesté d'une manière irré-

(1) Cpr. sur l'interprétation de ce second alinéa le n° 162.

futable, par cette suppression, leur intention de n'étendre les effets de la conquête qu'aux *originaires?* Ou bien, cette disparition d'un mot de deux lettres serait-elle purement fortuite, une omission, une distraction, comme nous en avons déjà rencontré d'autres exemples (voy. nos 11-1° et 136)? A cette objection, le texte allemand de notre article répond d'une façon non moins péremptoire. « ... *Den herstammenden, gegenwærtig... wohnhaften franzœsischen Unterthanen,* est-il dit, *welche beabsichtigen,* etc. » Par la contexture grammaticale de cette phrase, le fait de domicile se trouve intimement lié à celui d'origine. Si les négociateurs avaient voulu statuer immédiatement ou se réserver de statuer plus tard, — ce qu'ils n'ont pas fait d'ailleurs, — sur les domiciliés non originaires, ils auraient dit au contraire : « ... *Den herstammenden franzœsischen Unterthanen* (oder) *die* (ou *welche*) *gegenwærtig... wohnhaft sind* (ou *wohnen*) *und beabsichtigen...* »

170. Je ne fais pas difficulté de reconnaître, — car là n'est pas la question, — que le traité de 1860 était à cet égard moins libéral que ne l'est l'article 2 du traité de 1871, en ce qu'il soumettait à la fois à l'option, les originaires sans distinction de domicile et les domiciliés sans distinction d'origine. Les négociateurs de 1871, au contraire, n'ont soumis à cette obligation que les originaires domiciliés (art. 2 du traité) ou non domiciliés (art. 1er de la convention) mais, par là même, les domiciliés non originaires ont été nettement dispensés de toute formalité ; ils restent donc de plein droit Français.

Ou bien les textes les plus formels n'ont plus aucune valeur, ou bien on est forcé de reconnaître qu'à l'égard des Français non originaires d'Alsace-Lorraine, qu'ils y soient domiciliés ou non, ni le traité ni la convention ne renferment absolument et *intentionnellement* aucune stipulation : ils ont été, sont et demeurent Français de plein droit, quelle que puisse être leur *résidence* après le 1er octobre (1).

171. La circonstance qu'ils négligeraient de faire choix d'un nouveau *domicile* pourrait bien les priver de la qualité de Français, si la loi française y attachait cet effet, ce qui n'est pas (cpr. art. 17, nº 3 et art. 105 : ils auront toujours leur domicile d'origine, à défaut d'un autre, tandis que, pour les originaires de la province, ce domicile est perdu par la dénationalisation du territoire). Mais cette circonstance ne pourrait en aucune manière suffire pour leur infliger la qualité d'Allemand, car les actes signés à Francfort ne leur sont applicables à aucun titre. — Ils se trouveraient tout au plus alors dans une situation analogue à celle de ces nombreux Allemands qui venaient s'établir dans l'Alsace française et y vivaient paisiblement sans être Français pour cela, ni eux-mêmes ni leurs enfants.

Ce qui est vrai, c'est qu'ils seront désormais des étrangers sur territoire allemand et qu'ils se trouveront exposés à tous les inconvénients de cette situation. L'Allemagne aura le droit de les expulser et elle pourra

(1) Cette question a donné lieu, depuis que ceci est écrit, à une interpellation au sein de l'Assemblée nationale de Versailles. (Voy. *Journal officiel* du 1er mai 1872, p. 2906 et 2907.)

user de ce droit quand et comme elle l'entendra. Ce droit est absolu en effet à l'égard des étrangers et n'admet d'autres tempéraments que les égards que les gouvernements se doivent réciproquement.

172. Sous ce rapport, la position des Français résidant en Alsace-Lorraine ne différera pas de celle des originaires qui, après avoir accompli la double formalité qui leur est imposée par l'article 2 du traité de paix, continueraient à habiter le territoire. Mais tandis que les Français nés hors de la province ne peuvent être tenus à aucune justification et seront uniquement sous l'appréhension incessante d'une mesure d'expulsion, les Alsaciens-Lorrains auront, comme nous l'avons dit, à justifier de l'accomplissement, dans les délais prescrits, des formalités dont dépend, *quant à eux*, la conservation de la nationalité française, car s'ils les avaient négligées, l'Allemagne les revendiquerait à bon droit comme ses propres sujets, ainsi que les enfants sous leur puissance.

173. Aussi, la simple prudence commande-t-elle aux Alsaciens-Lorrains qui auront été transporter leur *domicile* en France, de faire constater par l'autorité, à leur retour dans la province, et avant le 1er octobre, qu'ils ont bien réellement satisfait à la seconde formalité que leur impose le traité, qu'ils ont acquis un domicile en France, au sens où la loi française entend cette expression. Cette justification pourra se faire par un certificat du maire du lieu où le nouveau domicile aura été établi; il ne sera pas inutile d'y joindre un passe-port à l'étranger délivré par les autorités fran-

çaises et un certificat d'inscription sur la liste des électeurs, inscription que la loi du 19 juin 1871 autorise tout Alsacien-Lorrain qui aura opté, à réclamer dans la commune (voy. n° 123-1°).

L'administration allemande sera ainsi mise en mesure et en quelque sorte en demeure d'apprécier s'il lui convient d'admettre l'optant à *résidence*, sans que, dans notre ferme conviction, basée sur les motifs développés plus haut, cette administration puisse, après l'expiration des délais, légitimement arguer l'option de nullité, car toutes les formalités qui, seules, sont requises par l'article 2 du traité du 10 mai 1871, pour la conservation de la nationalité française, auront été remplies en temps utile.

APPENDICE

APPENDICE

DU DROIT D'OPTION DANS SES RAPPORTS AVEC LES LOIS MILITAIRES FRANÇAISE ET ALLEMANDE.

174. Cette étude ne serait pas complète si nous n'y ajoutions l'indication des dispositions des lois militaires qui, soit en Allemagne soit en France, intéressent les Alsaciens-Lorrains appelés à se prononcer sur le choix de leur nationalité définitive. Pour la plupart des points, il suffira de reproduire le texte même des articles relatifs à cette partie de notre sujet : ils sont assez clairs par eux-mêmes pour ne nécessiter aucun commentaire.

175. L'article I du protocole de clôture des conférences de Francfort porte : « Tous les militaires et marins, originaires des territoires cédés, actuellement sous les drapeaux et à quelque titre qu'ils y servent, même celui d'engagés volontaires ou de remplaçants, seront libérés en présentant à l'autorité militaire compétente leur déclaration d'option pour la nationalité allemande.

« Cette déclaration sera reçue en France, devant le maire de la ville dans laquelle ils se trouvent en garnison ou de passage, et des extraits en seront notifiés au gouvernement allemand, dans la forme prévue par le dernier alinéa de l'article 1er de la convention additionnelle du 11 décembre 1871. »

176. Il résulte de cet article que les Alsaciens-Lorrains qui servent actuellement dans l'armée française de terre ou de mer sont admis, par dérogation au principe général, à faire une déclaration expresse d'option pour la nationalité *allemande*, aux fins d'obtenir leur libération *immédiate* du service français.

Mais conformément à une circulaire du ministre de la guerre en date du 27 mars 1872, et à une circulaire analogue du ministre de la marine, datée du 9 avril, les militaires et marins qui auront usé de cette faculté ne doivent pas recevoir un congé de libération, mais un simple relevé de services, portant cette mention : « Rayé par application de l'article 2 de la loi du 21 mars 1832 ; devenu sujet allemand aux termes du traité du 10 mai 1871. »

177. Par deux autres circulaires du 20 juillet 1871 et du mois de janvier 1872, le ministre de la guerre a décidé que :

1° « Lorsque des *remplaçants* originaires du territoire cédé auront opté pour la nationalité allemande, les remplacés qui sont demeurés Français ne seront pas tenus, par ce fait, de fournir d'autres hommes ou de servir personnellement.

2° « Si, au contraire, c'est le *remplacé* qui a opté pour la nationalité allemande, le remplaçant resté Français doit être maintenu sous les drapeaux et ne saurait être dégagé des obligations qu'il a contractées en signant l'acte de remplacement, le changement survenu dans la nationalité des remplacés ne pouvant invalider les actes de remplacement antérieurement souscrits, à moins que ces actes n'aient été annulés par les tribunaux, comme ayant été contractés en contravention des dispositions de la loi, dans les cas prévus par l'article 43 de la loi du 21 mars 1832. »

178. Par l'article 4, n° 2 du traité du 10 mai 1871, le gouvernement français s'est engagé à remettre au gouvernement allemand « le montant des primes d'enrôlement et de remplacement appartenant aux militaires et marins qui auront opté pour la nationalité allemande. » — Aux termes de l'article 11 de la convention additionnelle, une commission mixte franco-allemande a dû être chargée de l'apurement et de la liquidation de ces fonds.

179. Ces dispositions ne sont pas applicables, bien entendu, aux remplaçants et rengagés militaires ou marins, décédés avant d'avoir opté pour la nationalité allemande. Etant morts *Français*, c'est au gouvernement français que devront s'adresser leurs hériters et ayants cause pour obtenir la part proportionnelle à laquelle ils peuvent avoir droit, conformément à l'article 18 de la loi du 26 avril 1855, modifié par la loi du 24 juillet 1860.

Que si, d'un autre côté, le remplacement a eu lieu par voie de contrat intervenu entre particuliers, conformément à l'article 2 de la loi du 1er février 1868, qui a rétabli à cet égard le régime de la loi du 21 mars 1832, la question de savoir si les obligations du remplacé envers le remplaçant subsistent, malgré l'option de ce dernier pour la nationalité allemande, est de la compétence exclusive des tribunaux civils. Par jugement du 1er mars dernier, le tribunal de Rouen s'est prononcé pour l'affirmative, par le motif notamment que l'option ne peut être assimilée à désertion.

180. Quant aux pensions militaires, le gouvernement allemand ne s'est engagé, par l'article 2 de la convention additionnelle, à se charger que de celles qui étaient régulièrement acquises ou déjà liquidées au 19 juillet 1870 (date de la déclaration officielle de la guerre), au profit soit d'individus originaires des pays cédés et qui accepteront la nationalité allemande, soit de leurs veuves et orphelins.

Mais le même article ajoute : « Le même gouvernement tiendra compte... aux militaires et marins originaires des territoires cédés et qui seraient confirmés par lui dans leurs emplois ou grades, des droits qui leur sont acquis par les services rendus au gouvernement français. »

181. Il semblerait résulter de la disposition de l'article I du protocole de clôture, reproduit au n° 175 ci-dessus, que « les Alsaciens-Lorrains appartenant à l'armée devraient, en l'absence d'une déclaration d'option pour la nationalité allemande, être considérés comme Français de plein droit. — Il n'en est pas ainsi. Cet article n'a pas eu d'autre but que de libérer immédiatement les militaires ou marins qui acceptent dès à présent la nationalité allemande. Il ne les affranchit en aucune façon de l'obligation de faire, comme les autres Alsaciens-Lorrains, une déclaration d'option en faveur de la nationalité française. C'est ce qui a été formellement expliqué dans les conférences de Francfort. » (Circ. du ministre de la justice, du 30 mars 1872.)

182. Cette décision, inconciliable avec le refus du gouvernement allemand d'admettre les mineurs à opter séparément et pour leur compte personnel, est de nature à créer des situations les plus complexes. Non pas, à la vérité, quant aux engagements récemment contractés : à cet égard une note insérée dans le *Journal officiel* du 30 mars a déjà informé les jeunes Alsaciens-Lorrains qui voudraient se présenter au prochain concours pour être admis à l'Ecole spéciale militaire de Saint-Cyr, et qui, aux termes des règlements de cette Ecole, devront souscrire avant d'y entrer un engagement au service militaire, qu'ils ne seront admis à le contracter, s'ils sont mineurs, qu'en justifiant que la déclaration d'option a été faite pour eux par leurs représentants légaux. Cette décision doit être naturellement généralisée.

183. Mais il ne faut pas perdre de vue que, dans l'intervalle qui s'est écoulé entre la déclaration de la guerre, en juillet 1870, et la convention additionnelle du 11 décembre 1871, qui a étendu l'obligation d'opter aux originaires qui avaient déjà quitté les territoires cédés, les émigrations des Alsaciens-Lorrains mineurs, qui allaient s'engager dans l'armée française ont été extrêmement nombreuses, au point que l'on cite des régiments entiers presque exclusivement formés de pareils engagés, qui, pour la plupart, n'ont pas encore atteint l'âge de majorité.

Ajoutons que de tels engagements étaient très-réguliers et ne sauraient être critiqués, car d'après la loi française, (C. civ. art. 374 modifié par l'art. 32, n° 5 de la loi du 21 mars 1832), les mineurs sont admis à s'engager de leur propre autorité, s'ils ont accompli leur 20e année, et, moyennant le consentement de leurs père, mère ou tuteur autorisé par le conseil de famille, dès l'âge de 17 ans dans l'armée de terre (Loi 10 juillet 1848, art. 1) et de 16 ans et même de 10 ans dans la marine (Loi 21 mars 1832, article 32, n° 1 ; Régl. 7 nov. 1866, art. 39). Ce consentement ne leur est pas nécessaire, s'ils sont émancipés.

184. Quel sera donc le sort de tous ces engagés, si le gouvernement allemand n'admet pas les mineurs à opter eux-mêmes, tandis que cependant il reconnaît fort bien le droit (et par conséquent la capacité) aux militaires et marins *même mineurs* — l'article I du protocole de clôture ne distingue pas, — de se faire libérer du service français en optant pour la nationalité allemande? — La France devra-t-elle annuler tous ces engagements comme contractés par des individus devenus incapables, en tant qu'étrangers, de servir dans l'armée française? Car il s'agit ici, dans l'immense majorité des cas, d'enfants d'agriculteurs, d'artisans, d'ouvriers, établis en Alsace-Lorraine et dont les parents ou tuteurs ne pourront, ne voudront ou n'oseront pas opter pour eux-mêmes, de crainte d'être expulsés du territoire qui les fait vivre.

185. Je sais bien que l'Allemagne a récemment déclaré qu'elle libérait définitivement de son propre service tous les jeunes Alsaciens-Lorrains qui se seraient engagés dans l'armée française avant le 17 décembre 1870, date d'une ordonnance du gouverneur général, intervenue dans l'espoir d'arrêter le flot croissant de jeunes gens qui se portaient vers Lyon pour entrer dans la légion alsacienne.

Mais cette concession est bien loin d'être suffisante. En effet, à la date du 17 décembre 1870, l'administration allemande n'avait pas qualité pour exercer aucun *droit de souveraineté* sur le territoire ni sur ses habitants, car l'Alsace-Lorraine n'était qu'occupée par l'ennemi et non cédée à l'Allemagne. L'ordonnance du gouverneur général ne saurait donc faire loi.

Quand, au 2 mars 1871, cette souveraineté passa à l'Allemagne, on était fondé à croire, par l'article 5 des préliminaires de paix, que l'émigration suffirait pour s'y soustraire.

Quand plus tard, après le 20 mai, furent connues les clauses de l'article 2 du traité de paix, les originaires qui n'étaient *pas domiciliés* dans la province étaient encore autorisés à penser que les effets de la conquête ne s'étendraient pas à eux.

Quand, enfin, l'article 1 de la convention additionnelle généralisa l'obligation d'option, on ne savait pas encore que le gouvernement allemand refuserait aux mineurs le droit d'opter pour eux-mêmes, et ils pouvaient, alors encore, d'autant plus légitimement contracter un engagement dans l'armée française, que la loi qui les a soumis au service allemand porte la date du 23 janvier 1872 seulement, et que jusqu'à cette date, les populations espéraient que pareille mesure serait ajournée de plusieurs années.

C'est donc à cette dernière date, ou tout au moins au 20 décembre 1871, où fut connu l'article 1er de la convention additionnelle, qu'il conviendrait de reporter, non pas seulement le bénéfice de l'exemption du service allemand, mais le droit des mineurs antérieurement engagés et actuellement au service français, d'opter séparément pour la nationalité française.

186. La France n'y fera pas obstacle : cela résulte des instructions ministérielles du 30 mars, à condition toutefois que les mineurs soient assistés de leurs représentants légaux (cpr. p. 146). — Mais comment des parents, auxquels ni leurs ressources ni leurs occupations ne permettent de se déplacer, donneront-ils cette assistance? Suffira-t-il d'un écrit? d'un acte notarié? Le conflit avec les instructions allemandes n'en sera pas moins manifeste.

L'Allemagne en effet, qui n'admet pas l'option isolée des mineurs, conservera son recours contre les parents restés dans la province et qui, n'ayant pas opté pour la nationalité française, seront devenus Allemands ainsi que tous leurs enfants en puissance. Ce recours, je vais dire quel il pourra être (n° 190).

187. Si le mineur est d'âge à être émancipé et qu'il l'ait été ou le soit avant le 1er octobre, il peut, selon nous, comme nous l'avons vu (nos 78 et suiv.), user du droit d'émigrer résultant de l'article 5 des préliminaires de paix. L'émigration faite dans ces conditions implique, dans notre pensée, *exeat*, avec les effets qui y sont attachés et qui sont de faire perdre immédiatement la nationalité allemande et de libérer par suite de toute obligation de servir dans les armées allemandes. — Le mineur émancipé qui aura émigré avant le 1er octobre n'est donc pas, selon nous, en état de désertion, d'après la loi allemande, mais « s'il revient sur le territoire allemand, il devra en être expulsé par la police, sur la réquisition de l'autorité militaire. » (Ordonn. sur l'organisation de la landwehr, du 18 décembre 1867, § 11.)

188. Bien différente est la situation des mineurs non émancipés (et je fais naturellement abstraction ici de la question de savoir s'ils se trouvent ou non dans les rangs de l'armée française). Leur position de dépendance vis-à-vis de leurs représentants légaux ne leur permettant pas d'invoquer le bénéfice de l'article 5 des préliminaires, avec tous les effets qu'il doit légalement produire, ils ne seront jamais, s'ils émigrent, que des *Ausgewanderte* et non des *Entlassene*. Ils ne perdront donc pas la nationalité allemande (voy. nos 83 et 153) si leurs père ou tuteur ne l'ont pas répudiée, en même temps, par le moyen de l'option, pas plus que si ces derniers émigraient eux-mêmes, sans opter, avant ou après le 1er octobre. Et lors même que ceux-ci obtiendraient après cette date une *Entlassung*, qui ne peut d'ailleurs leur être refusée en temps de paix (Loi du 1er juin 1870, art. 17), cet *exeat* ne saurait profiter aux pupilles ou aux fils qui auront atteint leur 17e et n'auront pas accompli encore leur 25e année. (Même loi, art. 15 no 1 ; Instruct. sur le recrut. milit. du 26 mars 1868, § 52.) — Il faudrait, pour qu'ils perdissent la nationalité allemande qu'on leur appliquât l'art. 22 de la loi du 1er juin 1870 qui dit que « si un Allemand entre au service militaire étranger sans l'autorisation de son gouvernement, l'autorité centrale de son pays *peut* le déclarer déchu, par un arrêté, de ses droits de citoyen, s'il n'obtempère pas à la sommation de quitter ce service dans un délai à déterminer par l'arrêté même. »

189. Ajoutons que « les individus obligés au service militaire et qui auront émigré sans autorisation avant l'âge auquel ils doivent ce service, n'en sont pas pour cela libérés, à moins toutefois qu'au moment où ils auront atteint cet âge, ils n'aient déjà perdu leur qualité de sujets allemands d'après les lois (allemandes) en vigueur. » (Instr. sur le recrut. mil. 26 mars 1868, § 52.)

D'autre part, « celui qui émigre sans consentement sera tenu, à son retour, *et quel que soit son âge à ce moment*, de servir dans l'armée pendant une durée égale à celle de son absence. » (Ordonn. sur la landwehr, § 11.)

« Si l'autorité ne réussit pas à mettre la main sur les jeunes soldats qui n'auront pas répondu à l'appel dans les délais réglementaires, ou s'il est prouvé qu'ils ont quitté le territoire allemand, le chef de la landwehr en donnera avis, par l'envoi d'un état signalétique et de l'exposé des faits, au commandant de la division militaire, afin qu'il soit procédé judiciairement contre eux comme *déserteurs*. » (Instr. mil. citée, § 181.)

De cette dernière disposition, il résulte qu'à la différence de la loi militaire française, qui ne frappe les recrues qui n'ont pas répondu à l'appel que des peines de l'*insoumission* (Loi 21 mars 1832, art. 39; Loi 9 juin 1857 (Code de justice militaire), art. 230), la loi allemande les traite immédiatement de *déserteurs*. Telle sera donc la situation de tous les Alsaciens-Lorrains mineurs, qui auront quitté la province sans avoir néanmoins dépouillé, faute d'option de leurs père ou tuteur, la nationalité allemande.

190. Les peines de la désertion sont ainsi spécifiées par l'article 140 du Code pénal allemand :

« Quiconque aura cherché à se soustraire à son incorporation dans l'armée de terre ou de mer, soit en quittant sans permission le territoire allemand, soit en séjournant hors de ce territoire après avoir atteint l'âge requis pour la conscription, sera puni d'une amende de cinquante à mille thalers ou d'un emprisonnement d'un mois à un an.

« Les biens du prévenu pourront être séquestrés, si cette mesure est reconnue nécessaire par le juge, pour le recouvrement du maximum de l'amende qui pourrait être appliquée, ainsi que des frais de la procédure. »

Et l'article 141 du même Code ajoute :

« Quiconque aura enrôlé un Allemand au service militaire d'une puissance étrangère ou l'aura amené à des embaucheurs d'une puissance étrangère, — de même, quiconque aura volontairement engagé un soldat allemand à déserter *ou en aura favorisé la désertion*, sera puni d'un emprisonnement de trois mois à trois ans. — La tentative est punissable. »

La phrase que nous avons soulignée nous paraît applicable au fait des pères ou tuteurs restés en Alsace-Lorraine sans avoir opté, et qui auraient consenti à l'émigration des mineurs sur lesquels ils avaient autorité, car nous avons vu que le fait de ne pas répondre à l'appel suffit pour constituer le délit de *désertion*, dont ils se seront ainsi rendus les complices (1).

(1) C'est à tort que, dans une brochure récemment publiée sur le *Droit d'option*, on a cité la convention conclue le 25 juillet 1828, entre la France et la Prusse, pour la restitution réciproque des déserteurs. Il est aujourd'hui de principe que le crime de désertion est exclu du nombre de ceux pour lesquels l'extradition peut être demandée : les cartels d'échange qui liaient à cet égard le gouvernement français envers les puissances étrangères, ont été successivement dénoncés depuis 1830 et n'ont plus aujourd'hui aucune valeur. Il en est ainsi de la convention dont il s'agit. — Quant au traité d'extradition du 21 juin 1845 (*Bulletin des*

191. Enfin, disons en terminant qu'aux termes de l'article 360 du Code pénal allemand : « seront punis d'une amende jusqu'à cinquante thalers ou des arrêts : .... 3° les soldats en congé, soit de la réserve, soit de la *landwehr,* soit de la seewehr, qui auront émigré sans autorisation. »

Il est vrai que, d'après la loi du 23 janvier 1872, tous les Alsaciens-Lorrains qui auront accepté la nationalité allemande sont définitivement libérés de tout service militaire, s'ils sont nés avant le 1er janvier 1851. Mais ce qu'une loi a établi, une autre loi peut le modifier, en vertu de la règle : « *Nil tam naturale est quam eo genere quidque dissolvere, quo colligatum est.* »

Au moment de terminer la correction des épreuves de ce travail, nous trouvons dans les journaux la lettre suivante, adressée par M. Dufaure, ministre de la justice en France, à M. Scheurer-Kestner, député de la Seine. — Cette lettre, que nous croyons devoir reproduire, se rapporte à ce que nous avons dit aux nos 149-1°, 180 et 182 et suivants, ci-dessus :

Versailles, 15 mai 1872.

« Monsieur le député et cher collègue,

« Vous avez bien voulu me demander mon opinion sur les deux points suivants :

« 1° Un gendarme retraité, après avoir opté valablement

lois, 9e série, MCCXXXVI, n° 12,221), remis en vigueur et provisoirement étendu à l'Alsace-Lorraine par l'article 18 de la convention additionnelle du 11 décembre 1871, qui lui assigne, par erreur, la date du 21 *juillet* 1845, il ne contient, conformément au principe que nous venons de rappeler, aucune disposition relative au fait de désertion.

pour la nationalité française, pourra-t-il y recevoir sa pension du gouvernement français ?

« 2° Les mineurs engagés volontaires peuvent-ils, sans l'assistance de leurs représentants légaux, opter pour la nationalité française ?

« Sur le premier point, la loi, vous le savez, est formelle ; l'article 28 de la loi du 11 mai 1838, sur les pensions militaires, dispose que le droit à la jouissance de la pension est suspendu par le seul fait de la résidence hors du territoire français. Cependant cette règle n'est pas absolue, et l'article 28 reconnaît au gouvernement le droit d'autoriser le pensionnaire à résider à l'étranger et à y toucher les arrérages de sa pension.

« J'écris à M. le ministre des finances pour le prier d'examiner s'il ne conviendrait pas d'accorder par une loi cette autorisation à tous les Alsaciens-Lorrains, et s'il verrait quelque inconvénient à ce que le gouvernement français continuât à leur payer la pension jusqu'à la promulgation de la loi nouvelle, si elle ne pouvait avoir lieu qu'après l'expiration du délai d'option.

« Quant aux mineurs, les plénipotentiaires allemands n'ayant, dans la conférence de Francfort, admis aucune distinction à l'égard de ceux qui appartiennent à l'armée, je crois que leur déclaration ne peut être valable qu'autant qu'elle est autorisée par les représentants légaux.

« La question, cependant, serait plus délicate si l'engagement du mineur avait été contracté avec le consentement de ses parents, postérieurement à la promulgation en France de la convention additionnelle de Francfort. On pourrait soutenir alors, et à bon droit, suivant moi, que, dans ces conditions, le seul fait de l'engagement volontaire constitue une option implicite et légalement autorisée en faveur de la nationalité française.

« Toutefois, afin d'éviter toute contestation, même au point de vue de la loi française, il me paraît plus prudent que, dans tous les cas, les mineurs fassent une déclaration formelle et qu'ils soient autorisés par leurs pères ou tuteurs.

Agréez, monsieur le député et cher collègue, l'assurance de ma considération très-distinguée.

Le garde des sceaux, ministre de la justice,

J. DUFAURE.

(*Journaux français du* 24 *mai* 1872.)

FIN.

DOCUMENTS OFFICIELS

I

L'OPTION D'APRÈS LES TEXTES

Voyez au nº 11 (pages 8-11) les textes français et allemand de l'article 5 des préliminaires de paix du 26 février, — de l'article 2 du traité de paix du 10 mai, — et de l'article 1er de la convention additionnelle du 11 décembre 1871.

II

L'OPTION D'APRÈS LE GOUVERNEMENT ALLEMAND

A. *Circulaire du président supérieur d'Alsace-Lorraine aux présidents des districts de Strasbourg, de Colmar et de Metz* (1).

Um die Zweifel zu beseitigen, welche in Bezug auf	Afin de lever les doutes qui se sont élevés au sujet

(1) Le texte français est la reproduction de la publication faite par le conseil municipal de Strasbourg, d'une communication officielle qu'il a reçue, dans sa séance du 27 mars 1872, du président supérieur d'Alsace-Lorraine.

das Recht zur Option der Nationalitæt und die Form in welcher die Option zu geschehen hat, laut geworden sind, erœffne ich Ihnen zur weiteren Veranlassung Folgendes :

1. Alle dispositionsfæhige Angehœrige Elsass-Lothringens, welche früher franzœsische Staatsangehœrige waren, und welche entweder

1) in Elsass-Lothringen geboren sind, und am 2. Mærz 1871 daselbst ihren Wohnsitz hatten, oder

2) zwar nicht in Elsass-Lothringen geboren sind, aber daselbst am 2. Mærz 1871 ihren Wohnsitz hatten, oder

3) zwar nicht in Elsass-Lothringen am 2 Mærz 1871 ihren Wohnsitz hatten, aber daselbst geboren sind, kœnnen in der vorgeschriebenen Weise (II. und III.) und in den festgesetzten Fristen (IV.) sich für die franzœsi-

du droit d'option de nationalité et de la forme dans laquelle cette option doit avoir lieu, je vous fais la communication suivante :

Art. i. L'option pour la nationalité française pourra être faite dans la forme indiquée aux art. II et III ci-après et dans le délai fixé par l'art. IV, par toutes les personnes jouissant de leurs droits, appartenant à l'Alsace-Lorraine, qui auparavant appartenaient à l'Etat français et qui sont :

1° nées en Alsace-Lorraine et y avaient leur domicile le 2 mars 1871, ou bien

2° n'étant pas nées en Alsace-Lorraine, y étaient domiciliées le 2 mars 1871, ou bien

3° n'étant pas domiciliées en Alsace-Lorraine le 2 mars 1871, y sont nées.

L'admission en France, sans acquisition nouvelle de la nationalité française, et la faculté de quitter l'Allemagne sans égard à l'obliga-

sche Nationalitæt entscheiden. Wer von diesem Rechte Gebrauch macht, dem ist die Aufnahme in Frankreich ohne neuen Erwerb der franzœsischen Nationalitæt und die Freiheit des Abzuges aus Deutschland ohne Rücksicht auf die Militærpflicht gesichert.

tion du service militaire, sont garanties à quiconque fera usage du droit d'option.

II. Das Optionsrecht wird in folgender Weise ausgeübt :

1) Die zur Classe 1 I gehœrigen Personen müssen ihren Wohnsitz nach Frankreich verlegen *und* eine ausdrückliche Erklærung abgeben, dass sie ihre inzwischen suspendirte franzœsische Nationalitætbeibehalten wollen ;

2) die zur Classe 2 I gehœrigen Personen müssen ihren Wohnsitz nach Frankreich verlegen, dagegen bedarf es bei ihnen der oben gedachten ausdrücklichen Erklærung nicht ;

3) die zur Classe 3 I gehœrigen Personen müssen die vorgedachte ausdrückliche Erklærung abgeben, dagegen

ART. II. Le droit d'option s'exercera de la manière suivante :

Les personnes appartenant à la 1re classe établie par l'art. 1, sont tenues de transférer leur domicile en France et de faire la déclaration expresse qu'ils entendent conserver la nationalité française, qui provisoirement à été suspendue.

2° Les personnes appartenant à la 2e classe sont tenues de transférer leur domicile en France ; par contre la déclaration expresse dont il vient d'être fait mention n'est pas exigée d'elles.

3° Les personnes appartenant à la 3e classe sont tenues de faire la déclaration expresse qui est mentionnée ci-

bedarf es bei ihnen der Verlegung ihres Wohnsitzes nach Frankreich nicht, es sei denn, dass sie seit dem 2. Mærz 1871 und vor Ablauf der Optionsfristen ihren Wohnsitz in Elsass-Lothringen genommen haben.

III. Die ausdrückliche Erklærung für die franzœsische Nationalitæt, soweit dieselbe nach II erforderlich ist, erfolgt:

1) Seitens der Personen, welche in Elsass-Lothringen aufgehalten, durch kostenfreie protokollarische Erklærung vor dem Kreisdirector und in Strassburg und Metz vor dem Polizeidirektor ;

2) Seitens aller übrigen Personen durch eine, sei es vor der Mairie des Wohnortes in Frankreich, sei es vor einer franzœsischen Gesandschafts-oder Consulats-Kanzlei abgegebene Erklærung oder durch Immatriculation bei einer solchen Kanzlei.

IV. Die Frist für die Aus-

dessus. Par contre, elles ne sont pas tenues de transférer leur domicile en France, à moins qu'elles n'aient établi leur domicile en Alsace-Lorraine postérieurement au 2 mars 1871 et avant l'expiration des délais d'option.

Art. iii. La déclaration expresse en faveur de la nationalité française, en tant qu'elle est exigée par les dispositions qui précèdent, se fera :

1° De la part des personnes qui habitent l'Alsace-Lorraine, par une déclaration, dont il est dressé procès-verbal, sans frais, devant le directeur du cercle ; à Strasbourg et à Metz, devant le directeur de police :

2° De la part de toute autre personne, par une déclaration faite à la mairie du domicile en France, à une ambassade française ou une chancellerie consulaire ; elle peut se faire aussi par l'inscription au registre matricule d'une chancellerie consulaire.

Art. iv. Le délai fixé pour

übung des Optionsrechts — mag dazu nun die Verlegung des Domicils nach Frankreich *und* die ausdrückliche Erklærung für die französische Nationalitæt, oder nur eine von diesen beiden Thatsachen erforderlich sein (II und III) — læuft mit dem 30. September d. J. ab. Nur für diejenigen Personen, welche sich ausserhalb Europa's aufhalten, ist die Frist bis zum 30. September 1873 einschliesslich verlængert.

V. Diejenigen aus Elsass-Lothringen gebürtigen Personen, welche in der franzœsischen Armee oder Flotte in irgend einer Eigenschaft auch als Freiwillige oder Einsteher dienen, haben das Recht, für die deutsche Nationalitæt zu optiren. Die Option erfolgt in der Weise, dass die betreffenden Personen der zustændigen Militærbehœrde die Erklærung vorlegen, dass sie sich für die deutsche Nationalitæt entschieden haben. Diese Erklærung muss, wenn die betreffenden Personen ihren

l'exercice du droit d'option expire le 30 septembre 1872, peu importe qu'il exige à la fois la translation du domicile en France et la déclaration expresse, ou une seule de ces conditions seulement.

Le délai n'est prorogé, jusqu'au 30 septembre 1873, que pour les personnes qui n'habitent pas l'Europe.

Art. v. Les personnes originaires de l'Alsace-Lorraine qui servent dans l'armée ou dans la flotte française, à quelque titre que ce soit, même comme enrôlés volontaires ou comme remplaçants, ont le droit d'opter pour la nationalité allemande. L'option se fera au moyen de la déclaration remise par les personnes intéressées à l'autorité militaire compétente, portant qu'elles se sont décidées pour la nationalité allemande. Si ces personnes sont en garnison ou en résidence temporaire en France,

zeitweiligen Garnisons oder Aufenthaltsorte in Frankreich haben, bei der Mairie dieses Ortes abgegeben werden. In Betreff der Fristen gilt auch hier das unter IV Gesagte.

la déclaration doit être faite à la mairie de cette résidence. Au sujet des délais, on suivra les distinctions établies par l'article IV.

VI. Wegen der Minderjæhrigen wird eine besondere Verfügung ergehen.

Strassburg, den 7. Mærz 1872.

Der Ober-Præsident von Elsass-Lothringen,

gez. v. MOELLER.

ART. VI. Une disposition particulière interviendra en ce qui concerne les mineurs.

Strasbourg, le 7 mars 1872.

Le Président supérieur d'Alsace-Lorraine,

Signé : DE MOELLER.

B. *Seconde circulaire du même aux mêmes.*

In Verfolg meiner Verfügung vom 7. d. M. P. 1623, erœffne ich Ihnen bezüglich des Rechtes zur Wahl der franzœsischen Nationalitæt für Minderjæhrige Folgendes:

1) Nicht emancipirte Minderjæhrige, sie mœgen in Elsass-Lothringen geboren sein oder nicht, kœnnen weder selbst noch durch ihre gesetzlichen Vertreter gesondert von diesen für die franzœsische Nationalitæt optiren. Sie folgen, wenn ihre

En me référant à ma circulaire en date du 7 de ce mois, je vous fais la communication suivante au sujet du droit d'opter en faveur de la nationalité française qui peut appartenir à des mineurs :

1° Les mineurs non émancipés, qu'ils soient ou non nés en Alsace-Lorraine, ne peuvent opter pour la nationalité française, ni par eux-mêmes, ni par l'intermédiaire de leurs représentants légaux, en se séparant de ceux-ci. Si leurs parents sont

Eltern noch am Leben sind, der Wahl der Nationalitæt des Vaters.

Die Option des Vormundes für die franzœsische Nationalitæt hat diese Wirkung nur, wenn der Familienrath seine Zustimmung ertheilt.

2) Die vorstehende Bestimmung findet auch auf emancipirte Minderjæhrige Anwendung, insofern sie in Elsass - Lothringen geboren sind.

3) Emancipirte Minderjæhrige, welche nicht in Elsass-Lothringen geboren sind, stehen in Bezug auf das Optionsrecht den Grossjæhrigen gleich.

Strassburg, den 16. Mærz 1872.

Der Ober-Præsident von Elsass-Lothringen,

gez. v. Mœller.

encore en vie, ils suivent le choix de la nationalité du père.

L'option du tuteur pour la nationalité française n'a cet effet pour le mineur que dans le cas où le conseil de famille accorde son autorisation.

2° La disposition qui précède s'applique aussi aux mineurs émancipés, s'ils sont nés en Alsace-Lorraine.

3° Les mineurs émancipés qui ne sont pas nés en Alsace-Lorraine sont, en ce qui concerne le droit d'option, assimilés aux majeurs.

Strasbourg, le 16 mars 1872.

Le Président supérieur d'Alsace-Lorraine,

Signé : de Mœller.

C. *Formules de déclaration d'option.*

La formule primitivement adoptée pour les déclarations d'option reçues par les agents du gouvernement allemand en Alsace-Lorraine, était ainsi conçue dans son texte officiel français :

Strasbourg, le 187 .

Ce jourd'hui, le sieur né à le domicilié en dernier lieu à a déclaré par écrit devant le directeur de police soussigné, en se rapportant à l'article 2 du traité de paix du 10 mai 1871, tant pour sa personne que pour les membres de sa famille ci-après dénommés, savoir :

Qu'il opte pour la nationalité française, et qu'en conséquence, il entend jouir librement du droit de transférer son domicile en France et de s'y fixer.

En foi de quoi nous avons délivré le présent certificat, avec la remarque que le sieur
et les membres de sa famille, à partir
du jour de leur déclaration, perdu
qualité de sujet allemand.

Le directeur de police.

Depuis le mois d'avril, la formule qui précède a été remplacée par une autre, dont voici le libellé français, imprimé au verso de la formule allemande :

Par la présente il sera certifié officiellement que
(nom, prénoms et qualité)
de (origine) sous la (date)
a remis devant moi par écrit la déclaration suivante :

Je suis né à , arrondissement
d département d
le ; au 2 mars 1871, j'étais déjà et suis
encore à présent domicilié à
arrondissement d d
département d et conformément
à l'article 2 du traité de paix du 10 mai 1871, j'opte par la présente pour la nationalité française.

Il m'est bien connu que cette option de nationalité aura seulement sa vraie suite lorsque je fixerai mon domicile en France avant le 1er octobre 1872.

La susdite option pour la nationalité française se rapporte également sur les membres de ma famille qui suivent :

1° Sur ma femme

Avec laquelle je suis marié en première noce ;

2° Sur les enfants mineurs, issus de ce mariage, qui suivent :

a :

b :

Strasbourg, le 1872.

Le directeur impérial de police,

III

L'OPTION D'APRÈS LE GOUVERNEMENT FRANÇAIS

A. *Circulaire du garde des sceaux, ministre de la justice, aux préfets.*

Versailles, 30 mars 1872.

Monsieur le préfet, la guerre fatale déclarée par la France à l'Allemagne, dans le mois de juillet 1870, et qui nous a enlevé nos belles provinces d'Alsace et de Lorraine, s'est terminée par deux conventions diplomatiques : le traité de paix du 10 mai 1871 et la convention additionnelle de Francfort du 11 décembre suivant.

Des graves intérêts que ces actes devaient régler, aucun ne pouvait préoccuper nos négociateurs au même point que la réserve et les moyens pour nos anciens compatriotes de conserver la nationalité française. Des stipulations formelles ont été arrêtées à cet égard; un peu vagues à l'origine, elles ont été précisées avec plus de soin dans les conférences qui ont précédé la convention de Francfort. Les conditions du droit d'option sont maintenant déterminées. Mais comme le délai pendant lequel ce droit peut être exercé expire dans six mois, il me paraît utile de rappeler ces conditions et d'éclairer les intéressés sur les formalités qu'ils ont à remplir; et c'est dans ce but que je crois devoir vous adresser les présentes instructions qui porteront sur les deux points suivants :

1° Quelles personnes doivent faire une déclaration d'option?

2° Quelle doit être la forme de cette déclaration ?

§ 1er. PERSONNES QUI DOIVENT FAIRE UNE DÉCLARATION.

L'article 2 du traité de paix du 10 mai 1871 est ainsi conçu :

« Les sujets français, originaires des territoires cédés, domiciliés actuellement sur ce territoire, qui entendront conserver la nationalité française, jouiront jusqu'au 1er octobre 1872, et moyennant une déclaration préalable faite à l'autorité compétente, de la faculté de transporter leur domicile en France et de s'y fixer, sans que ce droit puisse être altéré par les lois sur le service militaire, auquel cas la qualité de citoyen français leur sera maintenue. »

On avait d'abord donné en France une interprétation restrictive à cette disposition, et l'on avait conclu des termes mêmes du traité que la nécessité d'une déclaration n'était imposée qu'aux habitants des territoires cédés qui non-seulement étaient originaires de ces territoires, mais encore y étaient domiciliés au moment de l'annexion.

Le doute aujourd'hui n'est plus permis. L'article 1er de la convention additionnelle de Francfort a eu précisément pour objet de régler la condition des Alsaciens-Lorrains qui, originaires des provinces cédées, *n'y sont pas domiciliés.*

Il dispose en ces termes : « Pour les individus originaires des territoires cédés *qui résident hors d'Europe*, le terme fixé par l'article 2 du traité de paix pour l'option entre la nationalité française et la nationalité allemande, est étendu jusqu'au 1er octobre 1873.

« L'option en faveur de la nationalité française résultera, pour ceux de ces individus *qui résident hors d'Allemagne*, d'une déclaration faite soit aux mairies de leur domicile en France, soit devant une chancellerie diplomatique ou consulaire française, ou de leur immatriculation dans une de ces chancelleries. »

Donc tous ceux qui sont originaires des territoires cédés, quel que soit leur domicile, sont obligés de faire une déclaration, s'ils veulent rester Français.

Originaires. — Quant à la signification du mot *originaires*, employé dans les deux traités, elle est aujourd'hui nettement déterminée.

Dans l'une des dernières conférences de Francfort, les plénipotentiaires allemands ont déclaré : « Qu'en ce qui concerne la définition du mot *originaires*, la chancellerie fédérale persistait à croire que cette question n'était pas de celles qui devaient être traitées dans les conférences de Francfort, et avait fait savoir au gouvernement français, par l'intermédiaire de M. le comte d'Arnim, qu'elle interprêtait l'expression *originaires* comme s'appliquant à toute personne née dans les territoires cédés. »

La dépêche de M. le comte d'Arnim, envoyé extraordinaire d'Allemagne à Paris, porte la date du 18 décembre 1871; elle est ainsi conçue :

« En réponse à la question que vous m'avez fait l'honneur de m'adresser au sujet des personnes que le traité de paix désigne comme *originaires* des territoires cédés, je m'empresse de vous informer que le gouvernement impérial considérera comme *originaires* de l'Alsace-Lorraine *tous ceux qui sont nés dans ces territoires.* »

M. le ministre des affaires étrangères a répondu dans les termes suivants, le 29 du même mois, à la communication de M. le comte d'Arnim :

« Répondant aux questions que j'avais eu l'honneur de vous adresser au sujet de la définition du terme *originaires des territoires cédés*, employé dans les conventions entre la France et l'Allemagne, vous voulez bien me faire savoir que votre gouvernement considère comme originaires de l'Alsace-Lorraine *tous ceux qui sont nés dans ces territoires.* Je m'empresse de vous remercier de cette communication qui est destinée à résoudre de nombreuses difficultés pratiques, et d'où il résulte que les individus qui ne sont pas natifs des territoires cédés ne seront pas astreints à faire une déclaration d'option pour conserver leur nationalité française, *quoiqu'ils puissent être issus de parents nés en Alsace-Lorraine ou qu'ils résident eux-mêmes dans ce pays.* » — Je n'ai rien à ajouter à ces explications.

Mineurs. — Après avoir obtenu l'interprétation du mot *originaires*, nos plénipotentiaires, malgré les plus vives instances, n'ont pu réussir à faire insérer dans la convention une clause réservant aux mineurs le droit d'opter, à leur majorité, pour la nationalité de leur choix. Le gouvernement allemand a toujours répondu qu'il n'y avait aucune distinction à établir entre les majeurs et les mineurs ; que les conditions et les délais établis par les traités étaient applicables à ces derniers ; mais ils ont ajouté que leurs déclarations seraient valablement faites avec l'assistance de leurs représentants légaux.

Il sera peut-être utile de mettre notre loi en harmonie avec cette déclaration du gouvernement allemand, et de conférer aux mineurs, par un texte spécial, le droit de faire acte de nationalité avec l'autorisation de leurs tuteurs; *mais, dès à présent leurs déclarations doivent être reçues dans cette forme par les autorités françaises.*

Femmes mariées. — Ces observations s'appliquent également aux femmes mariées. En principe, et d'après les articles 12 et 19 du Code civil, la femme suit la condition de son mari. C'est une question controversée que celle de savoir si le changement de nationalité du mari peut modifier la nationalité que le mariage a conférée à la femme. Aussi, pour éviter les difficultés qui pourraient se produire ultérieurement, en matière de succession notamment, la femme mariée en Alsace-Lorraine qui voudra mettre sa nationalité à l'abri de toute contestation, devra faire, avec l'assistance de son mari, une déclaration d'option.

Il résulte de ce qui précède que : « tous ceux qui sont nés dans les territoires cédés, quels que soient leur âge, leur sexe et leur domicile, sont tenus de faire une déclaration, s'ils entendent conserver la qualité de Français ; qu'à défaut de cette déclaration dans les délais prescrits, ils seront considérés comme Allemands; et qu'au contraire, tous ceux qui ne sont pas nés dans ces territoires n'ont aucune déclaration à faire et sont Français de plein droit. »

Militaires. — Il me reste, Monsieur le préfet, pour compléter cette première partie de mes instructions, à vous entretenir d'une disposition qui est spéciale aux militaires.

L'article Ier du protocole de clôture de la convention additionnelle de Francfort porte ce qui suit :

« Tous les militaires et marins français originaires des territoires cédés, actuellement sous les drapeaux, et à quelque titre qu'ils y servent, même celui d'engagés volontaires ou de remplaçants, seront libérés en présentant à l'autorité militaire compétente leur déclaration d'option pour la nationalité allemande. Cette déclaration sera reçue en France devant le maire de la ville dans laquelle ils se trouvent en garnison ou de passage, et des extraits en seront envoyés au gouvernement allemand, dans la forme prévue par le dernier alinéa de l'article 1er de la convention additionnelle de ce jour. »

Il semblerait résulter de cette disposition que les Alsaciens-Lorrains appartenant à l'armée devraient, en l'absence d'une déclaration d'option pour la nation allemande, être considérés comme Français de plein droit.

Il n'en est pas ainsi. L'article Ier du protocole de clôture n'a pas eu d'autre but que de libérer immédiatement les militaires ou marins qui acceptent dès à présent la nationalité allemande. Il ne les affranchit en aucune façon de l'obligation de faire, comme les autres Alsaciens-Lorrains, une déclaration d'option en faveur de la nationalité française.

C'est ce qui a été formellement expliqué dans les conférences de Francfort

§ 2. FORME DE LA DÉCLARATION.

Je ne puis m'occuper ici des Alsaciens-Lorrains qui sont domiciliés dans les provinces cédées. Leurs déclarations d'option pour la nationalité française doivent être reçues par les autorités du lieu de leur domicile, c'est-à-dire par les autorités allemandes, qui sont seules compétentes, par suite, pour en déterminer les conditions.

Je ne parlerai pas non plus de ceux de nos compatriotes originaires de l'Alsace-Lorraine qui sont établis à l'étranger. M. le ministre des affaires étrangères adressera en ce qui les concerne, des instructions aux différents agents de son département.

Quant aux Alsaciens-Lorrains qui résident en France, le maire de leur résidence est, aux termes de la convention, le seul fonctionnaire qui ait qualité pour recevoir leur déclaration.

Ces déclarations seront inscrites sur papier libre et ne devront donner lieu à aucuns frais.

Afin d'en simplifier autant que possible les formes et d'en rendre l'expédition plus rapide, j'ai pensé qu'il suffirait de les consigner sur des feuilles imprimées à l'avance, contenant une double formule de déclaration dont vous trouverez ci-joint le modèle, l'un de ces doubles sera remis au déclarant, l'autre devra m'être transmis par votre intermédiaire.

Il a été convenu, en effet, avec mes collègues des affaires étrangères et de l'intérieur, que c'était au ministère de la justice que les déclarations devaient être centralisées pour assurer l'exécution de la disposition finale de l'article 1er de la convention du 11 décembre, aux termes de laquelle le gouvernement français doit notifier au gouvernement allemand les listes nominatives des déclarants.

Afin d'éviter une trop grande accumulation dans les bureaux de la chancellerie, je vous prie de prescrire aux maires de votre département de vous adresser les déclarations aussitôt qu'ils les auront reçues; vous devrez leur en accuser réception immédiatement. Vous voudrez bien me les adresser à la fin de chaque semaine en y joignant un état nominatif rédigé en double exemplaire. L'un des doubles vous sera renvoyé, après vérification, pour vous tenir lieu d'accusé de réception. De cette manière, il sera facile de constater si toutes les déclarations sont parvenues à destination.

Enfin, j'ai décidé qu'elles seraient insérées par extrait au *Bulletin des Lois*, afin de les mettre à l'abri de toute éventualité de destruction, et de permettre aux intéressés de retrouver toujours facilement le titre de leur nationalité.

Telles sont, Monsieur le préfet, les mesures qu'il m'a paru utile d'adopter; je compte sur votre patriotique concours et sur celui de MM. les maires pour assurer leur complète et prompte exécution.

Je vous prie de m'accuser réception de la présente circulaire dont vous voudrez bien faire parvenir un exemplaire à MM. les sous-préfets de votre département, et qui devra être inséré au *Bulletin des actes administratifs*.

Recevez, Monsieur le préfet, l'assurance de ma considération très-distinguée.

Le garde des sceaux, ministre de la justice,

J. DUFAURE.

B. *Formule de la déclaration d'option.*

TRAITÉS DU 10 MAI ET DU 11 DÉCEMBRE 1871.

OPTION POUR LA NATIONALITÉ FRANÇAISE.

(1) Dates du jour et du mois.	Le (1)
(2) Nom de la commune, de l'arrondissement et du département.	par-devant nous, Maire de la commune d (2)
(3) Nom et prénoms du déclarant.	est comparu (3)
(4) Indication du lieu de naissance.	né à (4)
(5) Date de la naissance ou au moins indication de l'âge du déclarant.	le (5)
(6) Ajouter pour les mineurs, quand leur déclaration sera faite *séparément* : « *Assisté* de son père ou de son tuteur. »	(6) lequel, conformément aux articles 2 du Traité du 10 mai et 1er de la Convention additionnelle du 11 décembre 1871, a déclaré opter pour la nationalité française, qu'il entend conserver.
(7) Ajouter quand la déclaration sera faite collectivement par le père et ses enfants mineurs: « Ladite déclaration « faite tant au nom « personnel du sieur « que « comme *représentant* « *légal* de ses enfants « mineurs. » NOTA. Indiquer les noms, lieux et dates de la naissance de chacun des enfants.	(7)
(8) Ou attestation par le maire qu'il ne sait pas signer.	*Signature du déclarant* (8). *Signature du Maire.*

TABLE

APPENDICE.

DOCUMENTS OFFICIELS.

sociales et philosophiques. Dédiées aux ouvriers des villes et des campagnes. 1 beau vol. in-18. 2 fr. 50

Deuils et Espérances, par une Française. 1 vol. in-12. 2 fr. 50

Dora d'Istria (Mme). — **Excursions en Roumélie et en Morée.** 2 forts vol. in-18. 12 fr.

Dora d'Istria (Mme). — **Les femmes en Orient.** 2 vol. in-18. 12 fr.

Fischbach (G.). — **Le Siége et le Bombardement de Strasbourg.** 5e édition, revue et augmentée, ornée de deux portraits, de huit vues et du plan de la ville après le bombardement. 1 vol. in-18 jésus. 4 fr.

La France et la Prusse devant l'Histoire. Essai sur les causes de la guerre. 3e édition, 1 vol. petit in-18. 2 fr.

Fryxell (H.). — **Histoire de Gustave II Adolphe.** Trad. du suédois par Mlle R. Du Puget. 2e édition, 1 vol. in-12. 3 fr. 50

Galiffe (J. B. G.). — **Genève historique et archéologique.** 1 vol. in-4 avec dessins et *fac-simile* de Hermann Hammann. 25 fr.

Gasparin (le cte A. de). — **Appel au Patriotisme et au bon sens.** Brochure in-8. 1 fr.

Gasparin (le cte A. de). — **La République neutre d'Alsace.** 2e édition, brochure in-8. 1 fr. 50

Glardon (A.). — **Béhari Lal.** Histoire d'un Brahmane. 1 vol. in-12. 3 fr.

— **Mon voyage aux Indes orientales.** 1 vol. in-12. 2 fr. 75

Gros (C.). — **Mané, Thécel, Pharès! Rénovation politique et morale de la France.** 1 vol. in-18 jésus. 2 fr.

Hudry-Menos. — **Le Tunnel des Alpes.** Etude d'Art et d'Industrie. Brochure in-8. 1 fr.

Impressions et souvenirs du siége de Belfort, par un volontaire de l'armée de Belfort. Avec une carte, des notes et des pièces justificatives. 1 vol. in-18 jésus. 2 fr.

Légendes de l'Alsace. Traduites de l'allemand par E. Rosseeuw Saint-Hilaire. 3e édition in-18. 2 fr.

Lemonnier (Ch.). — **La Question sociale.** Rapport présenté au congrès de Lausanne le 27 septembre 1871. Brochure in-8. 60 c.

MARC-MONNIER. — **Le Congrès de la paix.** Comédie de marionnettes, 1 vol. in-18. 1 fr.

MARC-MONNIER. — **Faust.** Tragédie de marionnettes. 2e édition in-18. 1 fr. 50

MARC-MONNIER. — **Le docteur Gratien.** Comédie de marionnettes. 1 vol. in-18. 1 fr.

MARC-MONNIER. — **Poésies.** Amoureuses. — Campagnardes. — Musiques. — Voyageuses. — Parisiennes. — Allemandes. — Napolitaines. — Aux unes et aux autres. — Les Morts. 1 vol. in-18. 3 fr. 50

MARC-MONNIER. — **Théâtre de Marionnettes.** 1 joli vol. in-18, pap. teinté. 3 fr. 50

MARCHAND (Alf.). — **Le Siége de Strasbourg 1870,** suivi de la description de la bibliothèque et de l'histoire de la cathédrale de Strasbourg. 1 vol. in-18, jésus. 3 fr.

DE MAUNI (R.). — **Mémoires sur l'armée de Chanzy.** 2e édition, 1 vol. in-18, jésus. 3 fr. 50

Mémoires d'une Idéaliste. Entre deux révolutions 1830-1848. 1 vol. in-12. 4 fr.

MENARD (René). — **Histoire des Beaux-Arts.** Art antique. Architecture, sculpture, peinture, art domestique, avec un appendice sur la musique des anciens, par G. Bertrand. 1 vol. in-12. 2 fr.

MICHAUD (l'abbé E.). — **Programme de Réforme de l'Eglise d'Occident,** proposé aux anciens catholiques et autres communions chrétiennes. 1 vol. in-18. 2 fr.

MICHAUD (l'abbé E.). — **L'Esprit et la Lettre dans la morale religieuse.** 1re série la Piété; 2e série la Foi. 2 vol. in-18. 6 fr.

MICHAUD (E.), Dr en théologie. — **Guignol et la Révolution dans l'Eglise romaine.** M. Veuillot et son parti condamnés par les archevêques et évêques de Paris, Tours, Viviers, Orléans, Marseille, Verdun, Chartres, Moulins, etc. 1 vol. in-12. 4 fr. 50

MICHAUD (E.), Dr en théologie. — **Plutôt la Mort que le Déshonneur.** Appel aux anciens catholiques de France contre les révolutions romanistes. 1 vol. in-12. 1 fr. 50

MICHAUD (l'abbé E.). — **Comment l'Eglise romaine n'est plus l'Eglise catholique.** 1 vol. in-18. 2 fr. 50

Lettres du maréchal de Moltke sur l'Orient. Traduites de l'allemand, 1 vol. in-18 jésus. 4 fr.

MONOD (Mme W.). — **La Mission des femmes en Temps de guerre.** 1 vol. in-12. 2 fr. 50

MOYNIER (G.). — **Droit des Gens.** Etude sur la Convention de Genève pour l'amélioration du sort des militaires blessés dans les armées en campagne (1864 et 1868). 1 vol. in-12. 4 fr.

MOYNIER (G.). — **Les Institutions ouvrières de la Suisse.** Mémoire rédigé à la demande de la Commission centrale de la Confédération suisse pour l'Exposition universelle de Paris et présenté au jury international institué par le décret impérial du 9 juin 1866. 1 vol. in-8. 3 fr.

MOYNIER (G.), et le docteur L. APPIA. — **La guerre et la charité.** Traité théorique et pratique de philanthropie appliquée aux armées en campagne. Ouvrage couronné par le Comité central prussien de secours pour les militaires blessés. 1 vol. in-12. 4 fr.

OLIVIER (Juste). — **Théâtre de société.** Fantaisies dramatiques. I° La comédie des fleurs; II° Chapeau de Grésil; III° Le nuage. 1 vol. in-12. 2 fr.

PETIT-SENN (J.). — **Œuvres anciennes et nouvelles.** 3 vol. in-18, pap. teinté. 10 fr.

PETIT-SENN (J.). — **Bluettes et Boutades,** avec un avant-propos de M. Louis Reybaud. 5e édition, 1 vol. in-18, pap. teinté. 3 fr. 50

PIEROTTI (le docteur Ermete). — **Rapports militaires officiels du siége de Paris de 1870-1871,** suivis du dictionnaire historique de la carte des environs et fortifications de Paris. 1 vol. in-12. 3 fr. 50

PIEROTTI (le docteur Ermete). — **Décrets et Rapports officiels** de la Commune de Paris et du gouvernement français à Versailles, du 18 mars au 31 mai 1871, avec notes, appendice, carte des environs et fortifications de Paris en 1871. 3e édition in-12. 5 fr.

PIEROTTI (docteur Ermete). — **Le Cantique des Cantiques,** illustré et commenté sur le sol même de la Palestine, par le docteur Ermete Pierotti, membre de plusieurs académies. 1 vol. gr. in-4. 8 fr.

PIEROTTI (docteur Ermete). — **Costumes de la Palestine,** par le docteur Ermete Pierotti, qui habita le pays pendant huit années. Gr. album in-8 de 12 grav. 5 fr.

PIEROTTI (le docteur Ermete). — **Plan de Paris,** dressé en 1871. Nomenclature très-détaillée de toutes les parties qui constituent l'intérieur de la ville. 2 fr. 50

Poésies Genevoises. 2 jolis vol. in-18. 7 fr.

POUJADE (Eugène). — **La Diplomatie du second Empire et celle du 4 septembre 1870.** 1 vol. in-12, 2e édition. 2 fr.

PRESSENSÉ (E. de). — **Le Concile du Vatican.** Son histoire et ses conséquences politiques et religieuses. 1 vol. in-18. 4 fr.

PRESSENSÉ (E. de). — **L'Eglise et la Révolution française.** Histoire des relations de l'Eglise et de l'Etat de 1789 à 1802. 2e édition, 1 vol. in-8. 3 fr.

PRESSENSÉ (E. de). — **Histoire des trois premiers siècles de l'Eglise chrétienne :**

1re série : le premier siècle, 2 vol. in-8, 2e édition. 12 fr.

2e série : La grande lutte du Christianisme contre le Paganisme. — Les Martyrs et les Apologistes. 2 vol. in-8. 12 fr.

3e série : L'Histoire du dogme. 1 vol. in-8. 6 fr.

PRESSENSÉ (E. de). — **Jésus-Christ, son temps, sa vie, ses œuvres.** 3e édition. 1 vol. in-8. 7 fr. 50

PRESSENSÉ (E. de). — **Les Leçons du 18 Mars.** 2e édit. in-12. 3 fr.

RAMBERT (Eug.). — **Les Alpes suisses.** Première série : I. Les plaisirs d'un Grimpeur. II. Linthal et les Clarides. III. Les cerises du vallon de Gueuroz. IV. Les plantes alpines. V. A propos de l'accident du Cervin. VI. Origines des plantes alpines. 2e édition, 1 vol. in-8. 3 fr. 50.

RAMBERT (Eug.). — **Les Alpes suisses.** Deuxième série : I. Les Alpes et la liberté. II. Deux jours de chasse sur les Alpes vaudoises. III. Le chevrier du Praz-de-Fort. IV. La dent du Midi. V. Une chanson en patois. VI. Situation géographique de la dent du Midi. 2e édition. 1 vol. in-8. 3 fr. 50

RAMBERT (Eug.). — **Les Alpes suisses. Troisième série :** I. Une course manquée. II. Une bibliothèque à la montagne. III. Le voyage du glacier. IV. Notre forteresse. V. Interlaken. VI. Appendice. 1 vol. in-8. 3 fr. 50

RATISBONNE (L.). — **Les petites Femmes**, par l'auteur de la Comédie enfantine. 1 beau vol. in-4 de 70 pages, orné de 32 vignettes, par Ed. de Beaumont.

Broché 4 fr.
Cartonné 5 fr.
Toile d. s. t. 6 fr.

RATISBONNE (L.). — **Les petits Hommes**, par l'auteur de la Comédie enfantine, 1 beau vol. in-4 de 64 pages, ornée de 32 vignettes, par Ed. de Beaumont.

Broché 4 fr.
Cartonné 5 fr.
Toile d. t. s. 6 fr.

REUSS (Rodolphe). — **La Sorcellerie au XVIe et au XVIIe siècle, particulièrement en Alsace**, d'après des documents en partie inédits. 1 vol. in-8. 3 fr. 50

RILLIET (A.). — **Les origines de la Confédération suisse.** Histoire et légende. 2e édition revue et corrigée avec une carte, 1 vol. in-18. 7 fr. 50

RILLIET (A.). — **Lettre à M. Henri Bordier** à propos de sa défense de la tradition vulgaire sur les origines de la Confédération suisse. Brochure in-8. 1 fr.

ROBERTSON. — **Choix de Sermons.** Traduits de l'anglais par E. W. 1 vol. in-12. 3 fr. 50

ROSSEEUW SAINT-HILAIRE (E.). — **La Délivrance.** 2e édition, brochure in-8. 1 fr.

RUSTOW (W.). — **La guerre italienne en 1860**, campagne de Garibaldi dans les Deux-Siciles et autres événements militaires, jusqu'à la capitulation de Gaëte en mars 1861, narration politique et militaire. Traduite de l'allemand avec l'autorisation de l'auteur, par J. Vivien. 1 vol. in-8 et atlas in-4. 5 fr.

RUSTOW (W.). — **La guerre de 1866 en Allemagne et Italie.** Description historique et militaire ornée de cartes et plans. 1 vol. in-8 en 4 parties. 20 fr.

SCHÆFFER (A.). — **Les Huguenots du seizième siècle.** 1 vol. in-8. 5 fr.

SCHNEEGANS (A.). — **La Guerre d'Alsace.** Strasbourg. 1 vol. in-18. 4 fr.

SCHURÉ (Ed.). — **L'Alsace et les prétentions prussiennes.** — Réponse d'un Alsacien aux Allemands. 3e édition in-8. 1 fr.

SECRÉTAN (Ch.). — **La Philosophie de la liberté,** vol. Ier l'Idée. In-8. 5 fr.

— Vol. IIe l'Histoire. In-8. 5 fr.

SIMON (L.). — **Alsace et Lorraine,** le Droit politique et international. Rapport présenté au cinquième congrès de la paix et de la liberté, tenu à Lausanne, le 29 septembre 1871, et suivi d'une appréciation des résolutions du Congrès. Brochure in-8. 60 c.

Souvenirs d'un ex-officier 1812-1815. 1 vol. in-12. 3 fr. 50

Souvenirs d'un Franc-Tireur pendant le siége de Paris, par un volontaire suisse, 1870. 1 vol. in-12. 2 fr. 50

Souvenirs d'un Garde national, pendant le siége de Paris et sous la Commune, par un volontaire suisse (suite des *Souvenirs d'un Franc-Tireur*). 2 vol. in-12. 5 fr.

STAAFF. — **La littérature française,** depuis la formation de la langue jusqu'à nos jours. Lectures choisies, par le lieutenant-colonel Staaff. Ouvrage désigné comme prix aux concours généraux de 1868 et 1869. 2 vol. in-8. 16 fr.

Tome Ier Depuis la formation de la langue jusqu'à la Révolution 842-1790. 4e édit. 7 fr. 50

— IIe Auteurs enlevés à la littérature depuis la Révolution 1790-1869. 3e édit. 8 fr. 50

Cours Ier (842-1715) se vend séparément, br. 3 fr. —
— Cart. pour l'usage scol. 3 fr. 50

— IIe (1715-1790) se vend séparément, br. 4 fr. 50
— Cart. pour l'usage scol. 5 fr. —

— IIIe (1790-1830) se vend séparément, br. 4 fr. —
— Cart. pour l'usage scol. 4 fr. 50

— IVe (1830-1869) se vend séparément, br. 4 fr. 50
— Cart. pour l'usage scol. 5 fr. —

Tome IIIe Prosateurs vivants en 1870, br. 4 fr.

STAPFER (P.). — **Les Artistes juges et parties.** Causeries parisiennes. 2e édition in-18, jésus. 3 fr. 50

STAPFER (P.). — **Causeries Guernesiaises.** Edition accompagnée de dix lettres en anglais sur des sujets littéraires. 1 vol. in-8. 6 fr. 50

STAPFER (P.). — **Laurence Sterne**, sa personne et ses ouvrages. Etude précédée d'un fragment inédit de Sterne. 1 vol. in-8. 6 fr.

TALLICHET (Ed.), directeur de la Bibliothèque universelle et *Revue suisse*. — **Les Chemins de fer suisses et les passages des Alpes.** 1 vol. in-8. 4 fr. 50

TSCHUDI (F. de). — **Le monde des Alpes**, description pittoresque des montagnes de la Suisse et particulièrement des animaux qui les peuplent. 2e édition illustrée par W. Georgy et E. Rittmeyer. Traduction autorisée de la 8e édition originale, par O. Bourrit. 1 vol. in-8. 12 fr.
Relié demi-chagrin, tranches dorées. 16 fr

ULLOA (Jérôme). — **Du caractère belliqueux des Français et des causes de leurs derniers désastres.** Traduit de l'italien avec l'autorisation expresse de l'auteur, par E. Moullé. 1 vol. in-18, jésus. 2 fr.

VERNES (Maurice). — **Le peuple d'Israël et ses espérances** relatives à son avenir depuis les origines jusqu'à l'époque persane (Ve siècle avant Jésus-Christ). Essai historique. 1 vol. in-8. 3 fr.

VOGT (Ch.). — **Lettres politiques contre l'annexion de l'Alsace et de la Lorraine.** Traduites par Alf. Marchand, rédacteur du *Temps*. 1 vol. in-18. 1 fr. 50

Voyage d'un ex-officier sur le Rhin et en Belgique, en 1837. Fragments d'une correspondance particulière. 1 vol. in-32. 1 fr.

ZIEGLER (J.-M.). — **Carte hypsométrique de la Suisse**, avec registre et éclaircissements. Echelle 1/380,000. Collée sur toile. 20 fr.

ZIEGLER (J.-M.). — **Troisième carte de la Suisse**, avec registre et éclaircissements en français et en allemand. Echelle 1 : 380,000. Collée sur toile. 12 fr.

Paris. — Typ. de Ch. Meyrueis, rue Cujas, 13. — 1872.

Paris Typ. de Ch. Meyrueis, 13, rue Cujas. 1872.

www.ingramcontent.com/pod-product-compliance
Ingram Content Group UK Ltd.
Pitfield, Milton Keynes, MK11 3LW, UK
UKHW021121220726
13924UKWH00004B/1851